Die Geschichte des Windsurfens in der DDR

Mit „Micky Maus" fing alles an!

Heinz Schäfer

Die Geschichte des Windsurfens in der DDR

Mit „Micky Maus“ fing alles an!

Heinz Schäfer

Re Di Roma-Verlag

Bibliografische Information durch
Die Deutsche Bibliothek:
Die Deutsche Bibliothek verzeichnet diese Publikation in der Deutschen Nationalbibliografie; detaillierte bibliografische Daten sind im Internet über http://dnb.ddb.de abrufbar.

ISBN 978-3-86870-075-6

Titelbild: Hannelore Hellwig, die erste Windsurferin der DDR
mit dem ersten Surfbrett von 1974

www.rediroma-verlag.de
9,95 Euro (D)

Inhaltsverzeichnis

Auf diesem Wege möchte ich mich bei meinen Bekannten, sowie bei allen Surffreunden für die tatkräftige Unterstützung bei der Gestaltung meines Buches herzlich bedanken. Ihre Hinweise, Daten und Fakten waren für dieses Buch ein wertvoller Beitrag. Ein besonderer Dank gilt meinen Sportfreunden für das reichhaltige Bildmaterial, welches mir leihweise zur Illustration meines Buches zur Verfügung gestellt wurde.

Vorwort

Nach einem herrlichen Surftag mit viel Wind sitzen wir Surfer öfters noch abends bei einem Lagerfeuer und trinken ein Bierchen. Der Eine berichtet von seinen tollen Manövern und ein Anderer berichtet vielleicht von seinem fürchterlichen Schleudersturz.
Bei diesen Plaudereien geraten wir oft in die Vergangenheit und die jungen Surfer staunen, wie wir früher in der DDR mit dem Windsurfen begonnen haben. Das müsste doch alles für die Nachwelt aufgeschrieben werden, sagten sie. Nun habe ich mich dazu entschlossen und setze diese Aufgabe in die Tat um.
Im Frühjahr 1975, also vor fast 34 Jahren, unternahm ich meine ersten Steh - und Segelversuche mit meinem selbstgebautem Surfbrett. So wie es allen Anfängern ergeht, lag ich mehr im Wasser als ich fuhr und wenn ich fuhr, dann unfreiwillig mehr rückwärts als vorwärts. Von dem ständigen auf - und absteigen waren die Knie von der rauen Trittfläche blutig aufgescheuert und die Kraft lies schnell nach. Wie sollte man es auch lernen, dieses verflixte, wackelige Gerät vorwärts zu bewegen, ohne ins Wasser zu fallen? Es gab damals keine Surflehrer oder Lehrbücher. Alles musste man autodidaktisch erlernen.
Auch der Wasserrettungsdienst kannte damals das Windsurfen noch nicht. Mit Rundumleuchte und schneller Fahrt kamen sie, um mich zu retten, als ich auf dem Brett sitzend Pause machte. Sie dachten, ein Segelboot war gekentert und schauten völlig verdutzt, als ich das Rigg aus dem Wasser aufholte und weitersegelte.
Schon nach wenigen Tagen fuhr ich größere Schläge auf dem Seddinsee in Berlin. Ein unbeschreibliches Gefühl von Spaß, Freude und Stolz ergriff mich. Von allen Wassersportlern wurde man bewundert, denn ich gehörte zu den allerersten Windsurfern im ganzen Land.
Einige zeigten mir auch einen Vogel mit der Bemerkung: „Wie kann man nur so blöd sein, auf so einem Brett rum zu turnen. Man sollte sich lieber in ein Segelboot setzen, das wäre nicht so anstrengend“.
Damals konnte niemand erahnen, welche Entwicklung dieses Sportgerät noch nehmen würde. Da ich von Anfang an dabei war und die gesamte Entwicklung, einschließlich den Surfregattasport, aktiv erlebt habe, hat sich eine Unmenge an Fakten, Daten und Erinnerungen angesammelt. Sie sind der Grundstock für diese Schilderungen.

Noch heute, nach all den Jahren, bin ich immer noch ein begeisterter Windsurfer. Zwar hat in den vielen Jahren die Kondition etwas nachgelassen, doch meine Begeisterung und Freude an diesem schönen Sport ist unverändert.
Das Windsurfen hat einen unbeschreiblichen Siegeszug um die ganze Welt angetreten und sucht damit seinesgleichen. In der DDR waren aber damit ganz besondere Probleme verbunden. Teilweise so DDR - typisch, ja öfters auch kurios, dass ich meine, es lohnt, diese zu schildern

Das erste Surfbrett der DDR

Der Leser fragt sicher verwundert, was hat denn die „Micky Maus" mit dem Windsurfen in der DDR zu tun? Nun, dass ist der Grundstein für den sogenannten " Ur- Surfer " , dem absolut ersten Surfboard in der DDR.
Im Winter 1973/74 sah der Bootsbaumeister Ralf Hellwig aus Senzig bei Berlin, im Mittelteil der „Micky Maus" - Zeitschrift ein Foto und eine Kurzbeschreibung eines neuen Sportgeräts aus den USA. Ein Wassersportgerät, bestehend aus einem Brett, auf dem man steht und einem Rigg, welches von Hand geführt wird und aus Mast, Segel und Gabelbaum besteht.
Spontan beschloss R. Hellwig, dieses Gerät, besonders das Board nachzubauen. Da es aber zu dem Foto und dem Text keine Maße gab, hat er diese grob nach dem Foto abgeschätzt. Als Bootsbauer war es für ihn ein leichtes, aus Bootssperrholz einen hohlen Boardkörper zu bauen. Ralf Hellwig und seine Ehefrau Hannelore waren begeisterte, aktive und in der DDR sehr erfolgreiche Wasserskiläufer.
Dieser Sport war aber im Osten auf dem absterbenden Ast. Auf den Seen wurde Wasserski bis auf einige wenige Ausnahmen verboten und die offiziellen Sportorgane wollten diesen Sport ebenso wenig fördern wie z.B. Reiten und Tennis.
In diesem neuen Windsurfsportgerät sah Ralf H. eine neue Alternative zum Wasserski. Dieses erste Surfbrett existiert noch und hat die Abmessungen 3,85 x 0,73 x 0,13 Meter (L x B x H) und wiegt 29 kg. Heute lacht man über dieses riesige Teil, aber das waren die Anfänge! Die Kippstabilität entsprach ungefähr der eines mittleren Ausflugsdampfers und zum Tragen waren zwei Surfer besser als einer. Nach

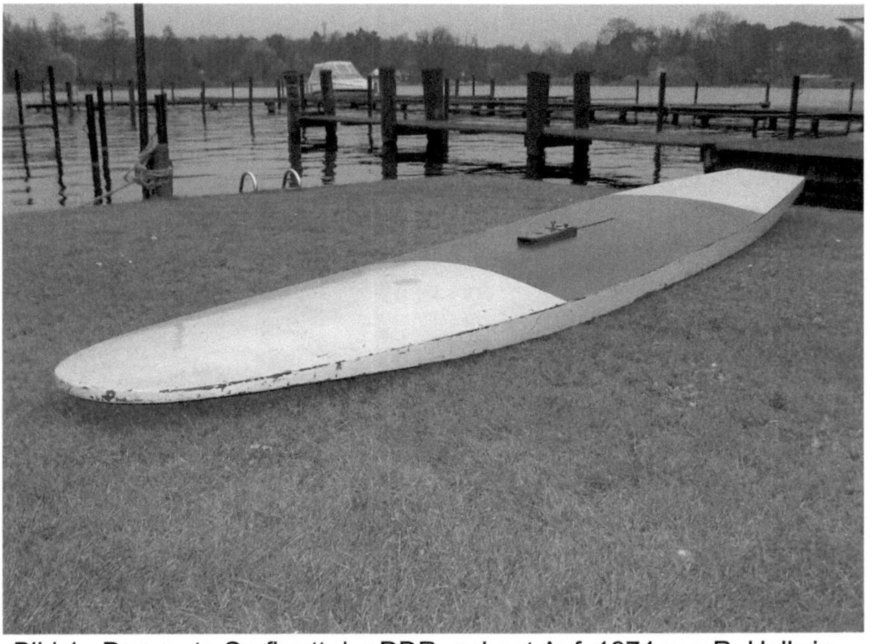

Bild 1 Das erste Surfbrett der DDR, gebaut Anf. 1974 von R. Hellwig

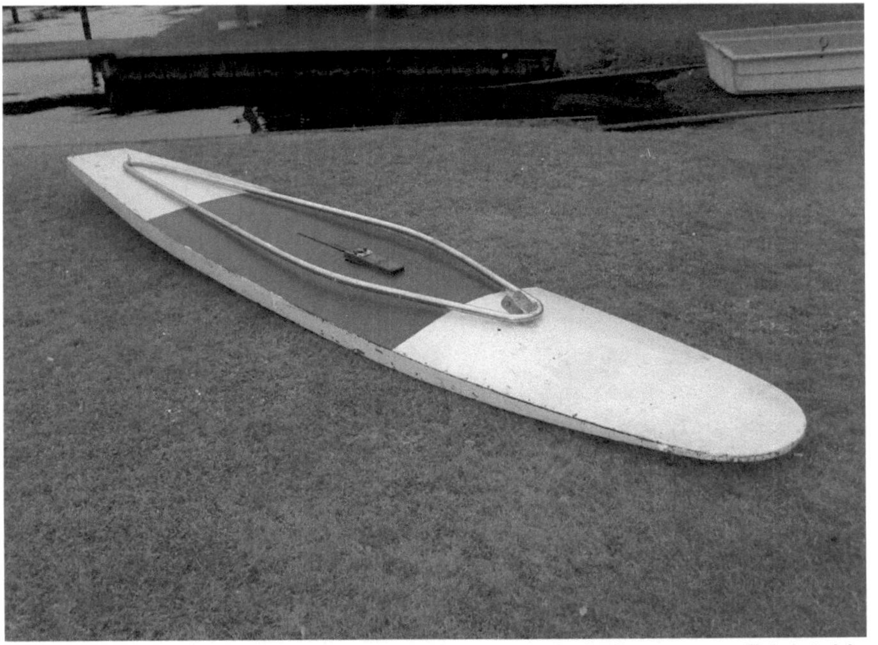

Bild 2 Das Ur – Surfbrett von R. Hellwig mit Gabelbaum aus Edelstahl

dem Brettbau wurde ein Mast aus mehrfach verleimten Holz gebaut. Da auf dem Foto ein gebogener Mast deutlich zu erkennen war, baute er ihn ebenso gebogen.
Heute müssen wir darüber schmunzeln. Der Mast muss natürlich gerade sein und die Mastbiegung ergibt sich aus der Segelspannung. Doch woher sollte Ralf das wissen? Dann ließ er von einem Freund einen Gabelbaum bauen, der aus schwerem, glänzendem Edelstahl war. Ein Unikum, dieses gesamte Sportgerät, aber anfangs ging es nicht besser.
Ein Surfsegel wurde nach geschätzten Maßangaben von einem Segelmacher angefertigt.
Als Mastaufnahme im Board diente eine einfache Buchse. Der Mastfuß bestand aus einem selbstgefertigten Kreuzgelenk, womit der Mast in alle Richtungen schwenk - und drehbar war. Unter dem Kreuzgelenk befand sich ein runder Zapfen, der dann zur Board - Rigg - Verbindung in die Buchse eingesteckt wurde. Alles war sehr einfach, aber funktionell.
An eine Riggsicherung, wie heute üblich, war überhaupt nicht zu denken. Der Gabelbaum wurde mit abenteuerlichen Knoten am Mast befestigt und das Segel war und blieb lappig wegen des bereits vorgebogenen Mastes. Das Schwert wurde aus Holz und die Finne aus Alu Blech angefertigt.

Hannelore und Ralf Hellwig, die Pioniere des Windsurfens der DDR

Nun konnte es losgehen! Wir sind im Frühjahr 1974. Das Wasser war noch kalt. Vom Wasserski hatten Ralf und Hannelore Hellwig kurze Neoprenanzüge. Ralf machte die ersten verzweifelten Versuche.
Als geübter Wasserskiläufer hatte er sich das leichter vorgestellt. Er erlebte das Gleiche, was jeder Anfänger erlebt, nur mit dem Unterschied, dass dieses große und träge Surfbrett sehr schwer zu beherrschen und zu manövrieren war. Hannelore, seine Ehefrau, kam anfangs etwas besser zurecht und ist auch somit die erste Windsurferin der DDR.
Im Sommer 1974 wurde nun öfters geübt, oft auch mit befreundeten Wasserskiläufern, wie z.B. mit Sibylle und Joachim Längert, die ebenfalls sehr erfolgreiche Wasserskiläufer waren. Inzwischen hatte Ralf Hellwig wesentlich mehr Kenntnisse über das Windsurfen erhalten. Jetzt kannte er die üblichen Abmessungen von internationalen Windsurfbret-

tern und deren Gewichte, sowie die Größe von den Boards und deren Riggs.
Er beschloss, eine Genehmigung zum Bau von Surfbrettern zu beantragen.
So war das in der DDR, denn ein selbstständiger Handwerker konnte nicht einfach ein Produkt ohne Genehmigung fertigen. Dazu brauchte man eine Genehmigung von der zuständigen Behörde.
Also beantragte Ralf Hellwig bei der sogenannten „Erzeugnissgruppe Bootsbau“ diese Genehmigung zum Bau von Surfbrettern. Es kam natürlich vorerst eine Ablehnung, mit der Begründung: „Diesen Playboysport möchten wir in der DDR nicht haben. “ Erst das mehrfache, energische Nachfassen von Ralf brachte ihm dann doch die Genehmigung.
Nun war der Weg frei für die ersten Surfbretter in Kleinserie. Wir nannten seine Boards „Geigenkasten“, weil sie etwas Geigen-Ähnliches hatten, aus Holz und hohl waren.
Im Frühjahr 1975 erhielten so die ersten 10 bis 15 Sportsfreunde ein Board von Ralf Hellwig. Diese Surfer waren überwiegend Wasserskiläufer und Sportsfreunde aus dem Wasserskiclub „MC Neptun Berlin.“ Das erscheint heute eigenartig, war aber so und man kann sagen, die ersten Windsurfer in der DDR waren Wasserskiläufer.

Der Eigenbau von Surfbrettern ab 1975

Anfang 1975 begann an vielen Orten in der DDR der Eigenbau von Surfbrettern. Im Westen gab es längst die Serienproduktion des patentierten Windsurfers des Herstellers Ten Cate und kurze Zeit später kam der deutsche Windglider auf den Markt.
Wir im Osten mussten mit schlechten materiellen Voraussetzungen leben und haben dennoch sehr gute und beachtliche Boardeigenbauten zu Wege gebracht. Darin waren wir DDR - Leute Weltmeister, nämlich im Improvisieren und aus Nichts oder Wenig etwas Besonderes zu schaffen. Hauptsache man hatte Ideen und ein klein wenig Organisations- und Beschaffungstalent und natürlich auch handwerkliche Fähigkeiten.
Im Winter 1974/75 las ich in der DDR - Bastlerzeitschrift „Practic“ eine kurze Beschreibung mit einigen Skizzen und Maßen, sowie einigen

Tipps zum Selbstbau eines kompletten Surfbretts. Dieser Artikel war übrigens aus einer polnischen Zeitschrift übernommen worden. Spontan beschloss ich: „So ein Sportgerät werde ich mir bauen, das ist genau mein Ding“ Ich sah mich schon im Geiste über das Wasser gleiten.
Nicht im Traum konnte ich erahnen, welche Bedeutung und Veränderung der Windsurfsport in mein Leben bringen wird. Das schwierigste beim Selbstbau war für mich als erstes das Board. Es sollte ebenfalls aus Holz und hohl sein. Leider hatte ich von fachmännischer Holzverarbeitung ungefähr so viel Ahnung wie ein Friseur vom Brötchenbacken, nämlich gar keine.
Ein befreundeter Tischler half mir bei den komplizierten Arbeiten. Zunächst haben wir einen durchgehenden Mittelspant aus einem dicken Brett angefertigt. Er entsprach dem Querschnitt des Bretts und wurde nur durch den Schwertkasten unterbrochen. Für den Schwertkasten hatten wir links und rechts an den Spant zwei weitere, gleichdicke Bretter, weit überlappend verleimt. Zwei gleiche Bretter wurden für die Außenkanten angefertigt und mit mehreren Querspanten verleimt. Damit waren ein massives Bug - und - Heck - Stück verbunden.
Nun hatten wir das ganze von Ober und Unterseite mit 3 mm dickem Bootsbausperrholz verleimt. Jetzt wurde noch die Mastbuchse eingesetzt und eine profilierte Alu - Blechfinne angeschraubt.
Das Brett lackierten wir mehrmals mit Bootslack. Es sah richtig edel aus. Die Trittfläche haben wir mit weißem Zweikomponentenlack gestrichen und sofort mit Zucker für die Rauigkeit bestreut. Mein Board war fertig und ich war überglücklich.
Wie Ralf Hellwig, machten mein Tischler und ich den gleichen Fehler und bauten ebenfalls einen gebogenen Holzmast. Das hatte viel Arbeit gemacht und war letztlich so ein Unsinn! Als Mastfußgelenk baute ich ein kleines Kreuzgelenk, dass am Mast mit einer Aufnahme verschraubt war. Unter das Kreuzgelenk kam ein Metallzapfen zur Verbindung mit dem Board. Das Schwert wurde auch aus Holz angefertigt und von mir so einigermaßen profiliert. Einen Gabelbaum kaufte ich von R. Hellwig und ein weißes Segel ließ ich ebenfalls von einem Segelmacher fertigen. Es war auch nicht gerade der beste Segelstoff, aber es gab nichts anderes. Ein winziges Fenster musste zum Durchblick reichen, denn auch Klarsichtfolien gab es fast gar nicht.

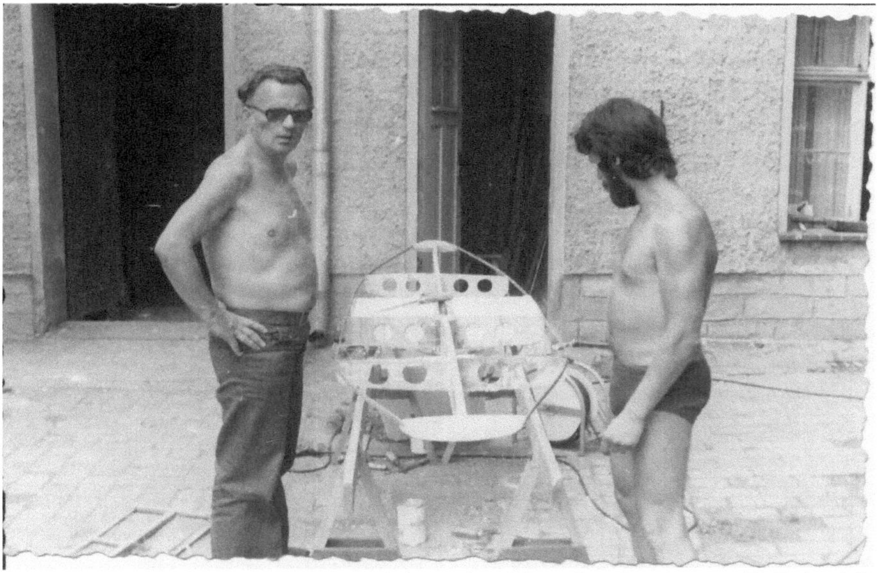

Bild 3 1975: Blick in das Innenleben des Eigenbaubretts von R.Schmidt

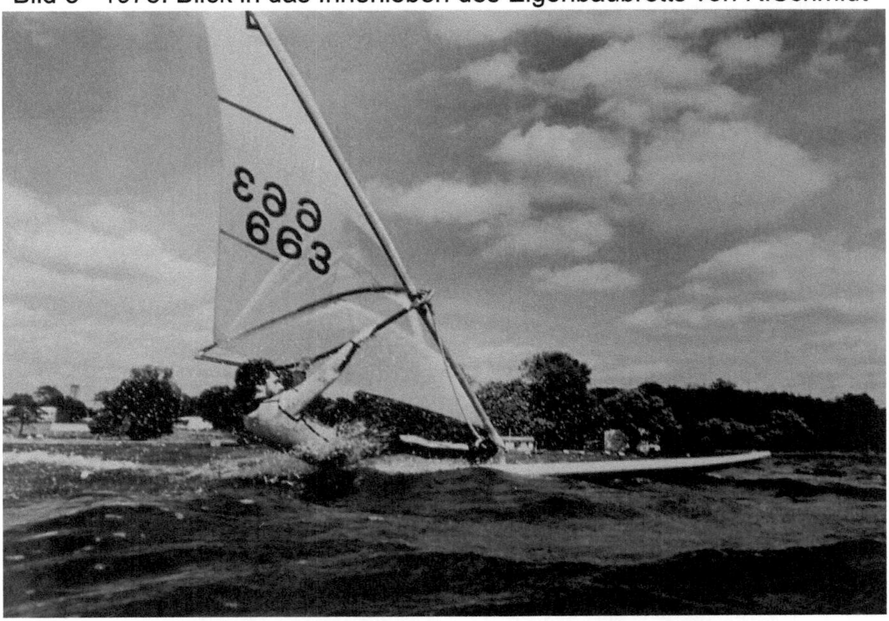

Bild 4 Reiner Schmidt in voller Fahrt auf dem Berliner Müggelsee

Jetzt war alles komplett und es sollte losgehen.
Es war Anfang April und noch recht frisch. Ich brauchte also dringend einen Surfanzug. Ich hatte das Glück, dass ich durch Westverwandtschaft Unterstützung hatte und kurzfristig hatte ich einen leichten Tauchanzug, bestehend aus Hose und Latzjacke. Anfang 1975 gab es auch im Westen noch keine reinen Surfanzüge. Für die Füße nahm ich alte Turnschuhe.
Jetzt endlich konnten sie beginnen, die ersten Steh- und Segelversuche, mit null Ahnung vom Surfen oder vom Segeln. Nach wenigen Wochen beherrschte ich das Surfen schon ganz gut, doch dann passierte das Malheur.
Auf dem Brett sitzend, machte ich eine Pause auf dem See. Eine kräftige Böe erfasste das im Wasser liegende Segel und schlug es um. Mit einem berstenden Geräusch war der Mast total zersplittert. Das abgewinkelte Mastfußkreuzgelenk konnte nicht mehr mitdrehen. Es fehlte noch ein Drehpunkt unter dem Mast. Wieder hatte ich dazugelernt und wie sagt man so schön: „Aus Schaden wird man klug“. Bei meinem zweiten Mast habe ich diesen Mangel abgestellt.
Ob in Rostock oder Güstrow, in Waren oder Berlin, in Potsdam oder Leipzig, in Halle oder Eisenach, überall war an vielen Orten das Windsurffieber ausgebrochen.
1975 begann die gleichzeitige Ausbreitung des Windsurfsports in der ganzen DDR. In Garagen, Schuppen und Kellern wurde gebastelt, geshapt, laminiert und lackiert. Es war die Pionierzeit der „Do it yourself“ - Windsurfer in der DDR. Material war nur begrenzt verfügbar und man musste das verwenden, was beschaffbar war.
Schaumpolystyrol bzw. Styropor, uns bestens als Verpackungsmaterial bekannt, wurde auch in der DDR hergestellt. Dieser leichte, aber leider sehr weiche Schaum war und blieb eines der wichtigsten Materialien im Boardbau. Ich sage mal, dieses Material fiel unter die Kategorie „beschaffbar“! Zu kaufen gab es das nicht, schon gar nicht in größeren Blöcken. Das gleiche traf auch auf Kunstharze, wie Polyester, Epoxydharz, sowie auf Glasgewebe zu.
Die unterschiedlichsten Ideen und Einfälle zum Selbstbau führten aber alle zum gleichen Ergebnis, nämlich fahrbare Surfbretter, auf die ihre Erbauer stolz waren, wie Muttern aufs Meißner Porzellan.
Alois Ernst aus Geltow bei Potsdam hatte sein Surfbrett nach einem

Foto gebaut. Er shapte einen Kern, auf den er dann Zeitungspapier mit Knochenleim aufklebte. Da er kein Epoxydharz hatte, musste er diese sogenannte Sperrschicht aufbringen. Nun konnte er sein Board mit Polyesterharz und Glasseide laminieren. Direkt auf dem Styroporkern kann man mit Polyesterharz nicht arbeiten, da dieses den Kern aufgelöst hätte. Da er nur Polyester hatte, musste er diesen Umweg mit einer Sperrschicht nehmen. Sein Board war so sauber und glatt, dass es nicht mehr geschliffen und lackiert werden musste. Durch das klare Polyester konnten wir auf seinem Board Zeitung lesen!
Eine andere Variante wählte Gundolf Möde in Güstrow. Er sah Anfang 1975 in Ribnitz - Damgarten einen westdeutschen VW - Käfer mit einem Surfbrett auf dem Dach. Es wurden mehrere Fotos gemacht. Diese wurden vergrößert und maßstabsgerecht auf großes Millimeterpapier übertragen. Nun konnte er Maße entnehmen, aus denen ein Surfbrettkern gebaut wurde. Von diesem wurde eine zweiteilige Form angefertigt und aus dieser Form wurden dann seine ersten Surfbretter mit Polyester und Glasmatte „getuppelt" , wie die Fachleute scherzhaft sagen.
Eberhard Reschwamm, ein ehemaliger Olympiasegler aus Rostock, hatte ebenfalls wie ich, die von mir erwähnte „Practic" - Zeitschrift als Vorlage. Nur, dass er nicht wie ich in Holz, sondern auch in Styropor und Laminat baute. Was er als erfahrener Segler nicht einsehen wollte, war, dass das Board in der Vorlage der Zeitschrift ein gewölbtes Deck hatte und das Unterwasserschiff gerade war. „Ein Segelboot hat immer ein gewölbtes Unterwasserschiff" sagte er sich und so baute er es dann auch. Und was soll ich sagen, auch dieses Brett fuhr bestens.
Diese Beispiele sollten nur einen kleinen Einblick in die Kreativität der Surf - Pioniere in Ostdeutschland geben. Der Board - Bau war das Schwierigste.
Segel, Masten und Gabelbäume wurden auch aus den unterschiedlichsten Materialen gefertigt. Segelstoff mit geringer Dehnung war kaum zu erwerben. So wurden Segel z.B. auch aus Anorakstoff oder ähnlichen dünnen Kunstofffasern genäht.
Masten waren am Anfang meistens aus Holz; dazu dienten manchmal auch einfache Holzstangen. Gabelbaumholme wurden aus Stahl oder Alu - Rohr, je nach Verfügbarkeit oder aus mehrfach verleimten Holz gebaut. Die Kopf - und die Endbeschläge des Gabelbaums waren dann meistens auch aus Stahl.

Inzwischen tauchten im Osten vereinzelt originale Ten - Cate - Boards aus dem Westen auf. Findige Leute nahmen sofort eine Form ab und so sah man auf den Seen mehrere Nachbauten dieses Boards. Im Winter 1975/76 baute ich dann bei einem Freund auch eine Ten – Cate - Kopie in seiner Form mit Ausschäumung von Hand.
Als Windsurfer musste man mobil sein, das heißt, ein Auto als Transportmittel war notwendig. Nun tat sich ein neues Problem auf. In der Regel wurde die Surfausrüstung auf dem Dach transportiert. Damals wog eine einzelne Surfausrüstung ca. 30 kg. Das war viel zu schwer für die im Handel erhältlichen, recht schwächlichen Dachgepäckträger.
Es gab andere Sportarten in der DDR, die das gleiche Problem hatten und eine schwere Ausrüstung auf dem PKW transportierten, z.B. die Motorbootrennfahrer ihre flachen Außenbordmotor - Rennboote. Die Motorbootrennfahrer hatten bereits eigene stabile Dachträger entwickelt, die wir Surfer sozusagen kopierten und nachbauten. Sie bestanden aus Aluguss - Stützen mit Halteklammern und Vierkant - Stahlhohlprofilen als Tragrohre. Diese Trägerkonstruktion passte auf alle Trabis, Wartburgs und Ladas. Solche Dachgepäckträger gab es nie im Handel, sie wurden aber von vielen Surfern nachgebaut.

Die Windsurfer erscheinen auf den Seen!

Im Frühjahr 1975 tauchten nun auf den Seen der DDR die ersten Windsurfer auf. Es wurde fleißig geübt und trainiert. Sehr oft endeten die ersten Versuche mit einem unfreiwilligen Besuch im Schilf des Seeufers.
Ich hatte es bereits im Vorwort erwähnt: Es gab keine Surflehrer, jeder Surfer musste sich alles selbst beibringen. Dabei hatten die Surfer, die vom Wasserski kamen, einen Balancevorteil. Surfer, die vom Segeln kamen, verfügten dafür über mehr Kenntnisse des Segelns. Die Manöver der Wende und der Halse bereiteten anfangs große Schwierigkeiten, jedoch nach wenigen Wochen konnten dann alle elegant übers Wasser gleiten.
Die Segler staunten nicht schlecht, wie wir Surfer ihnen mit unseren kleinen Segeln davonfuhren. Es war die Zeit, in der sich Windsurfer untereinander kennenlernten und Freundschaften schlossen. Bald kannten sich die Windsurfer im ganzen Land und jeder kannte jeden. Eine

unglaubliche Zusammengehörigkeit hatte sich entwickelt. Man half sich gegenseitig, gab sich Tipps und tauschte Erfahrungen aus. Die DDR-Surfer wurden eine richtige kleine, elitäre Truppe, was die Staatsführung gar nicht gerne sah.
Wir Surfer erkannten uns auf der Straße durch die Bretter auf dem Auto. Wie die Motorradfahrer sich mit erhobener Hand grüßen, taten wir es ebenfalls untereinander mit der Lichthupe unserer Autos. Aber auch ohne Surfbrett auf dem Auto, wollten wir als Windsurfer erkannt werden und beklebten unsere Autos mit Windsurfaufklebern aller Art, die wir uns aus dem Westen besorgten. Dazu gehörte auch „Windsurfers do it standing up". Über die Zweideutigkeit dieses Spruchs musste jeder, wenn er nicht total prüde war, reichlich schmunzeln.
Inzwischen trafen sich Windsurfer zum gemeinsamen Trainieren und es erwachten der Wettkampfgeist und der Ehrgeiz, schneller als die Anderen zu sein. Eine gegen den Wind gelegene Schifffahrtsboje wurde als Wendemarke ausgewählt. Die musste dann umrundet und wieder zum Startpunkt zurückgekehrt werden.
Manchmal fanden sich dann ganz spontan einige Surfer zu einer kleinen Regatta zusammen. Wir versuchten, uns zu einer Linie aufzustellen, gaben uns ein Startkommando und dann ging es los. Von Vorfahrtsregeln der Segler untereinander, dem sogenannten Wegerecht oder von Regattataktik hatten wir keinen blassen Schimmer. Während dieser kleinen Wettfahrten wunderten wir uns nur oft darüber, dass ein im Rennen hintenliegender Surfer plötzlich innerhalb weniger Minuten vorn lag. Die Winddrehungen und einzelne Windböen waren das Geheimnis. Diese rechtzeitig zu erkennen, musste ebenso erst erlernt werden wie alles, was das Segeln mit dem Windsurfen verbindet.

Das einzige deutsch, deutsche Windsurfertreffen in der DDR

Inzwischen hatte sich der Surfsport weltweit so verbreitet, dass jedes Kind wusste, was ein Windsurfer ist. Ich schätze, dass es Ende 1975 ca. sechzig Windsurfer in der DDR gab. Es gab zu diesem Zeitpunkt noch keine industriell gefertigten Surfbretter aus VEB - Betrieben. Das Interesse in der Bevölkerung an diesem schönen Sport wuchs aber ständig.

Überall, wo wir auftauchten, zu Lande und zu Wasser, wurden uns Löcher in den Bauch gefragt. Wo gibt es Surfbretter? Wie kann man diese Bretter bauen? Wie geht das? und und und. Der Bekanntheitsgrad des Windsurfsports stieg enorm und so langsam wurde die Partei - und Staatsführung auf uns aufmerksam. Sie konnte uns aber anfangs nicht richtig einordnen. „Wächst da nun etwas klassenfeindliches und ist dieser Brettsegelsport, aus den USA stammend nur eine vorübergehende Geschichte "?
Einer der ersten Windsurfer, Joachim Längert, machte im Sommer 1975 auf der Fahrt zu einer Surfregatta eine kurze Rast an der Autobahnraststätte Michendorf bei Potsdam. Diese Raststätte war allseits als illegaler Treffpunkt auf der Transitstrecke zwischen Ost und West bekannt. Westberliner Windsurfer parkten dort ebenfalls rein zufällig mit Surfboards auf dem Dach.
Obwohl jeder wusste, dass diese Raststätte von der Stasi genauestens beobachtet wurde, kamen die Surfer sofort unbefangen und ohne Furcht ins Gespräch. Spontan hatte die kleine Truppe ein gemeinsames Treffen auf dem Wasser beschlossen. Das konnte natürlich nur im Osten sein, denn uns war ja die andere Richtung „vermauert".
Im Spätsommer wurde dann telefonisch ein Treffen mit Surfausrüstung am nördlichen Ufer des Berliner Müggelsees verabredet. Die Westberliner Surffreunde, unter ihnen auch das Surf - Urgestein Manne Hinz, versuchten an mehreren Berliner Grenzübergängen gleichzeitig die „Einreise in die DDR" mit ihren Surfbrettern auf den Autos. Einige wurden von den DDR - Grenzern abgewiesen. Sie mussten die Bretter im Westen lassen und kamen dann ohne Bretter zum Treffen.
In Abwandlung des Romans „Einer kam durch" konnten wir uns freuen: „Drei kamen durch", nämlich drei Westbretter. Insgesamt trafen sich 15 bis 18 Surfer aus Ost und West an diesem Wochenende am Müggelsee. Man hatte der Staatsmacht der DDR sozusagen ein Schnippchen geschlagen. Das gelang aber nur, weil einige Grenzer noch keine Order hatten, Autos mit Surfbrettern die Einreise zu verweigern.
Nie wieder ließ sich so ein Treffen auf dem Boden der DDR wiederholen, denn von da an wurden solche Einreisen mit Surfbrettern verboten. Als wir Surfer uns dann am Müggelsee trafen, gab es ein unbeschreibliches Hallo. Wir klopften uns gegenseitig auf die Schultern, bestaunten die Surfausrüstungen, fachsimpelten und tauschten Erfahrungen aus. Für

wenige Stunden hatten wir gemeinsam völlig vergessen, dass es eine deutsche Grenze gibt, die uns voneinander trennt.
Auf dem Wasser tauschten wir immer wieder die Bretter und waren gegenseitig voll des Lobes für die Surfbretter. Unsere Freude währte aber nicht lange.
Nach ca. einer Stunde am Müggelsee fuhren gleich drei Funkwagen unserer Volkspolizei vor und verlangten nach der Genehmigung dieser Veranstaltung. Als wir sagten, dass es keine gibt und das es ein reines Privattreffen ist, gab es bei unseren Genossen der Volkspolizei irritierte Gesichter. Nach den Papieren befragt, konnten unsere Westberliner Sportfreunde ihre völlig legale Einreise belegen. Jetzt waren die Volkspolizisten völlig ratlos. Sie telefonierten ewig mit ihren Häuptlingen, bis sie uns Kraft ihrer Staatsgewalt aufforderten, die Veranstaltung zu beenden und den Parkplatz sofort zu verlassen.
Joachim Längert war schon immer ein offener und unerschrockener Landsmann. Nach dem „Platzverweis" der Volkspolizei, lud er kurzerhand alle Surfer zu sich nach Hause zum Kaffee ein. Es wurde ein wunderschöner Nachmittag mit viel Gelächter, denn noch immer mussten alle über die ratlosen Sheriffs lachen.
Bereits am nächsten Tag verging Joachim das Lachen. Er erhielt eine sofortige Vorladung zur Kripo! Wie käme er dazu, eine solche Veranstaltung zu organisieren? Ob er nicht wüsste, dass der Klassenfeind dahinter steht, usw.,usw..
Die Kripo konnte ihm aber keine kriminelle oder gar staatsfeindliche Absicht nachweisen und so konnte er die Kripo mit einem Verweis verlassen und dabei blieb es auch. Aus diesem Surfertreffen entwickelten sich langjährige Freundschaften. Noch heute bin ich stolz darauf, dabeigewesen zu sein, denn dieses Treffen war im wahrsten Sinne des Wortes „einmalig ".

Die ersten Regatten

Ende Mai 1975 fand die erste Windsurfregatta der DDR statt. Sie wurde „Windskiregatta" genannt und fand auf dem Krüpelsee in Senzig bei Berlin statt. Es war ein erstes zwangloses Treffen und hatte noch keinen offiziellen Status.

Der MC Neptun Berlin lud die ersten Surfer ein. Sie kamen fast alle aus diesem Wasserskiclub und fuhren fast ausnahmslos Surfbretter von Ralf Hellwig. Es gingen ca. achtzehn Surfer an den Start.
Ich erinnere mich noch an die große Aufregung. Keiner der Teilnehmer war perfekt im Surfen und fast alle hatten ja erst vor wenigen Wochen damit begonnen.
Vom Segeln hatte kaum jemand richtig Ahnung und trotzdem herrschte eine unglaubliche Begeisterung. Männlein und Weiblein, alt und jung, alles startete zusammen. Eine Surferin schaffte während der ganzen Regatta nicht die Fahrt über die Startlinie.
Ich fiel vor lauter Aufregung mehrmals in den Bach. Einmal bekam ich den Mast auf das Gesicht. Dass ich blutete, sagten mir erst andere nach der Wettfahrt am Ufer. Während der Regatta hatte ich es nicht bemerkt. Welchen Platz ich belegte, weiß ich heute nicht mehr, aber Letzter wurde ich nicht! Dabei sein war alles und das sage ich heute nach 34 Jahren erst recht.
Spontan beschloss die Clubleitung des MC Neptun, noch im gleichen Jahr eine weitere „Windskiregatta" durchzuführen, die dann auch Anfang Oktober stattfand. Übrigens wählte der MC Neptun den Namen „Windski“ ganz bewusst, weil damit die Verbindung des Wasserski zum Windsurfen gefestigt werden sollte. Die zunehmende Wettkampftätigkeit des Windsurfens sollte die Vereinstätigkeit des MC Neptun wieder stärken. Die meisten Berliner Surfer starteten mehrere Jahre als Mitglieder dieses Clubs.
Die Popularität des Windsurfens nahm nun rasant zu. Windsurfen wurde die klassische Trendsportart, was von der Staatsführung mit Argwohn und Misstrauen beobachtet wurde. Innerhalb weniger Monate fanden sich 1975 immer mehr Surfer zu Regatten zusammen. Nicht jeder Windsurfer wollte Regatten fahren, aber anfänglich gab uns der Regattasport die schnellste und einfachste Möglichkeit, untereinander Kontakte herzustellen, um Erfahrungen zu tauschen und zu sammeln. Wo man was durch wen bekommen konnte, hatte für uns oberste Priorität.
Mit den Regatten ging es nun Schlag auf Schlag. Jetzt kamen auch erfahrene Segler hinzu, die vom Surfbazillus infiziert waren. Einige der ersten Regatten wurden überwiegend durch die ortsansässigen Wind-

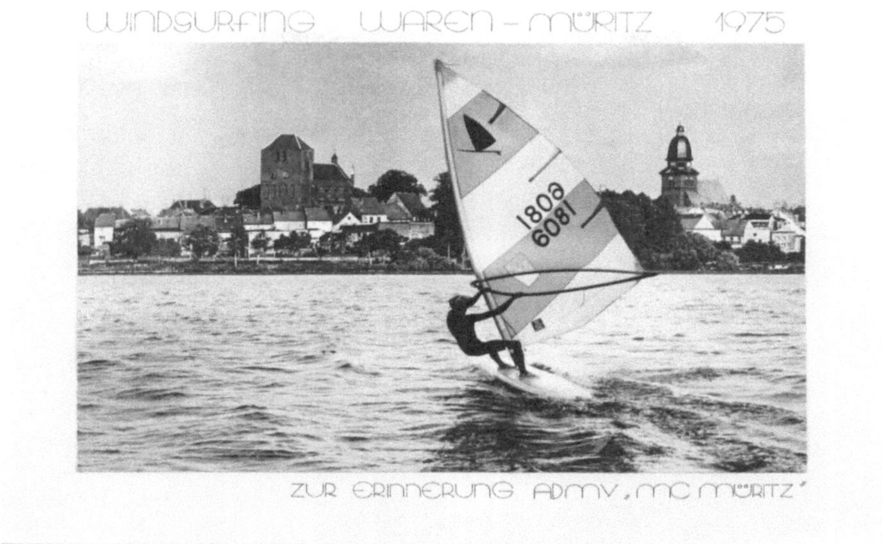

Bild 5 Erinnerungsfoto an die erste Regatta 1975 auf der Müritz

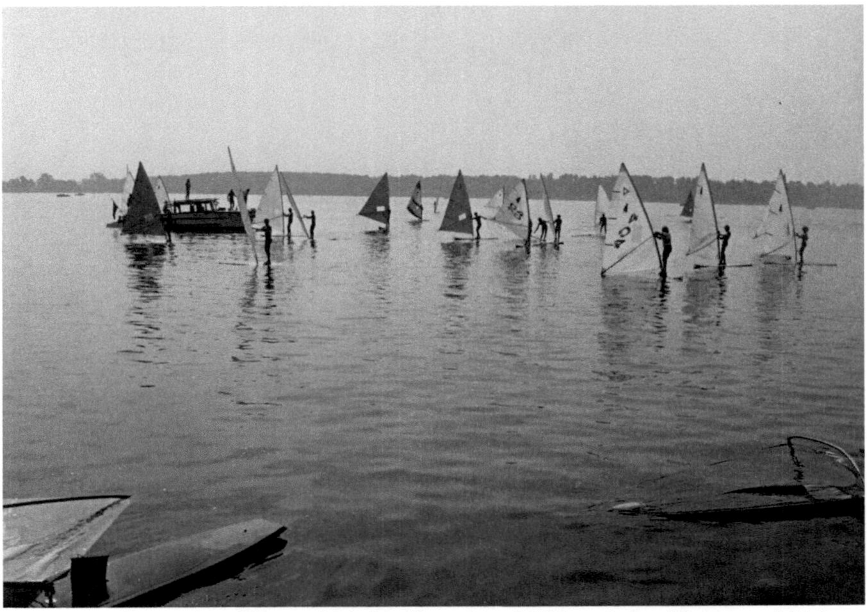

Bild 6 Fast eine Flaute bei der Regatta 1975 auf der Binnen - Müritz

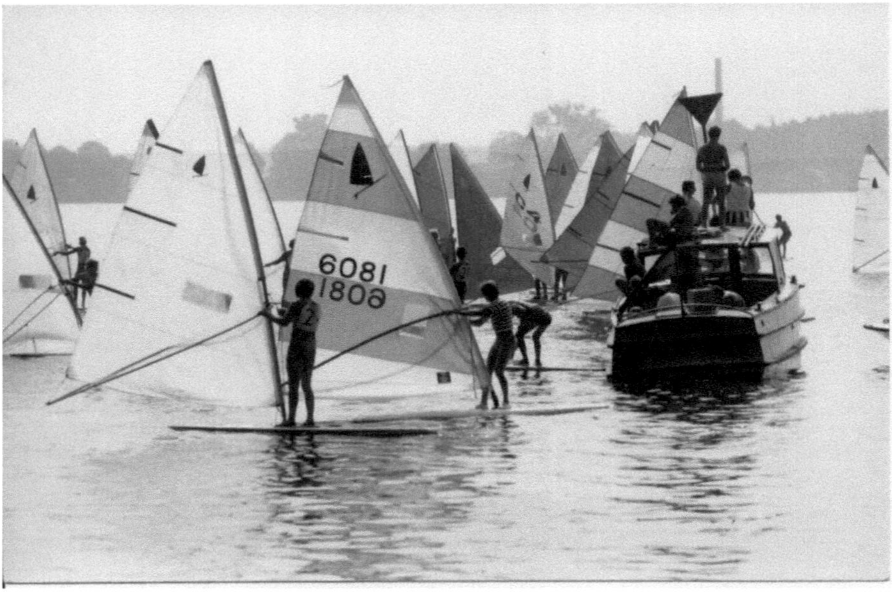

Bild 7 Kurz vor dem Start zur ersten Regatta auf der Binnen - Müritz

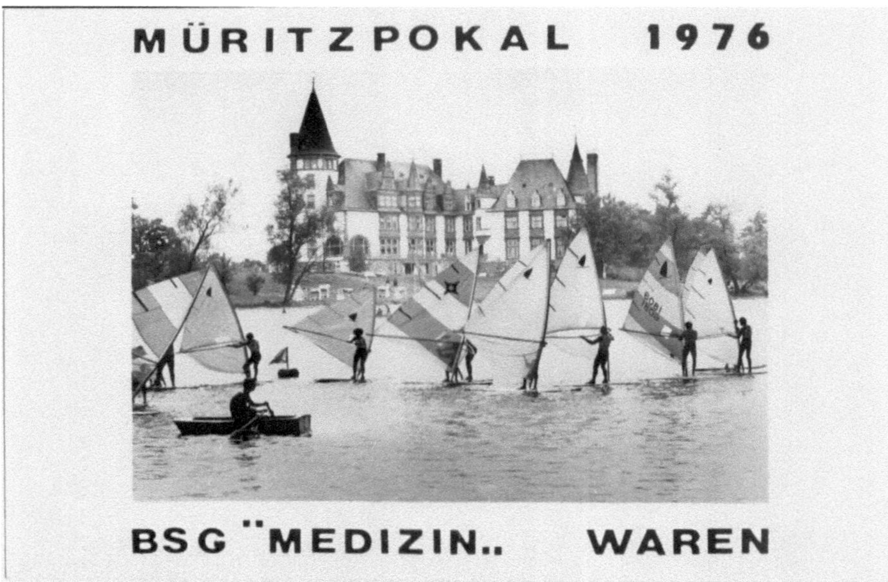

Bild 8 Müritz - Regatta 1976 vor dem Schloss Klink

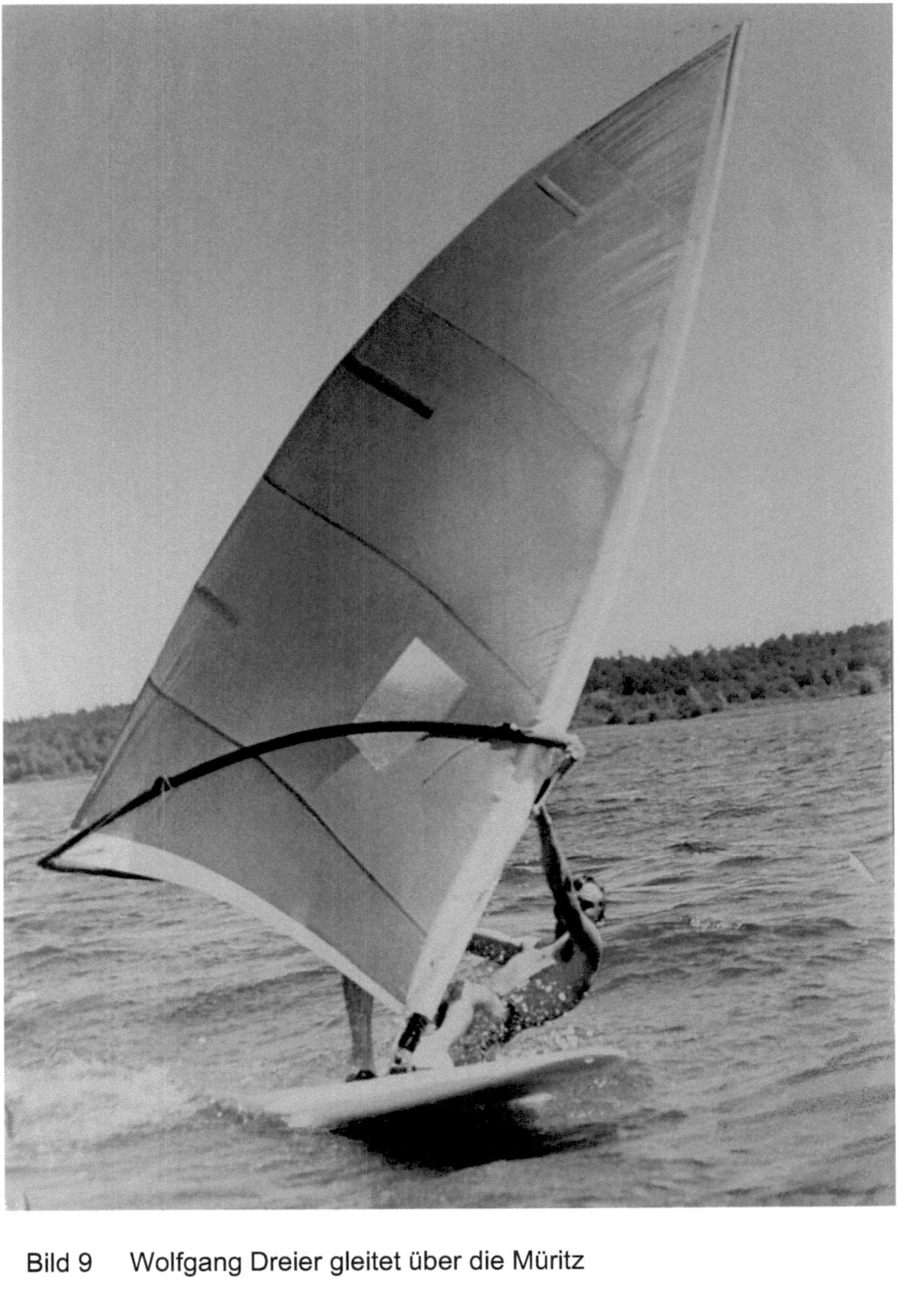

Bild 9 Wolfgang Dreier gleitet über die Müritz

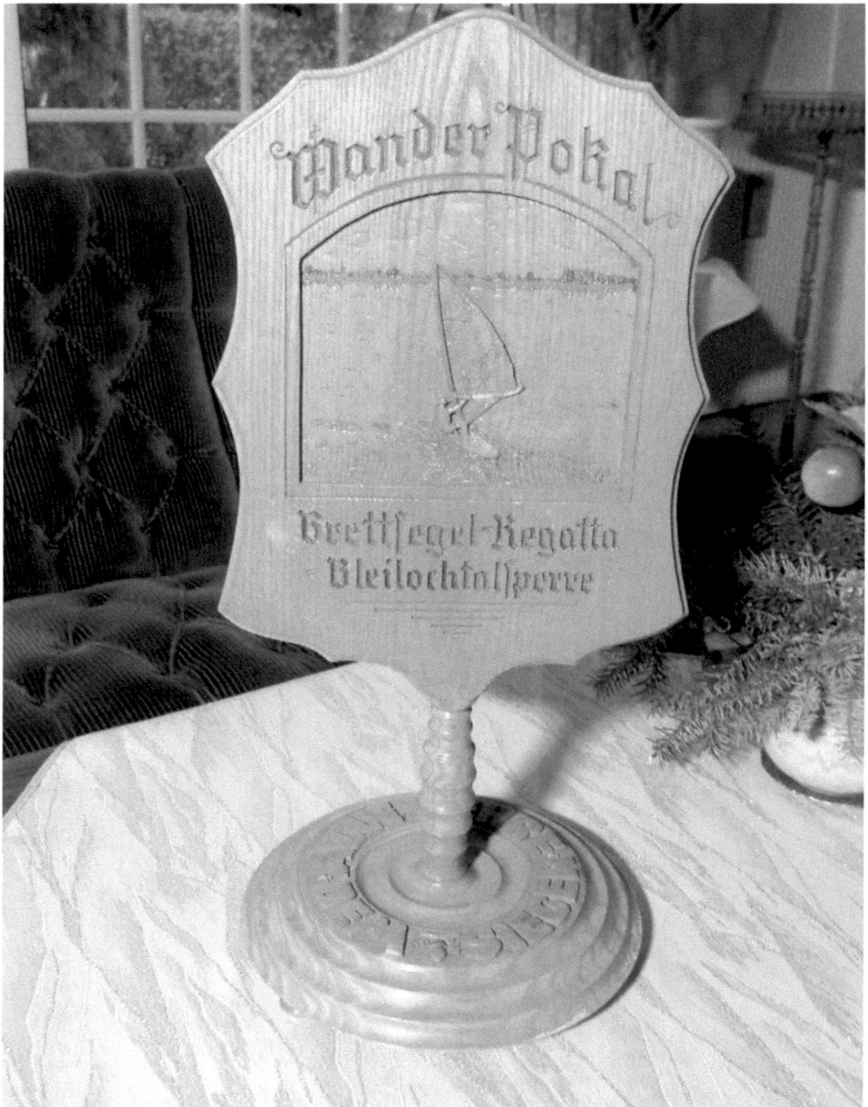

Bild 10 Vorderseite des Wanderpokals der Bleilochtalsperre

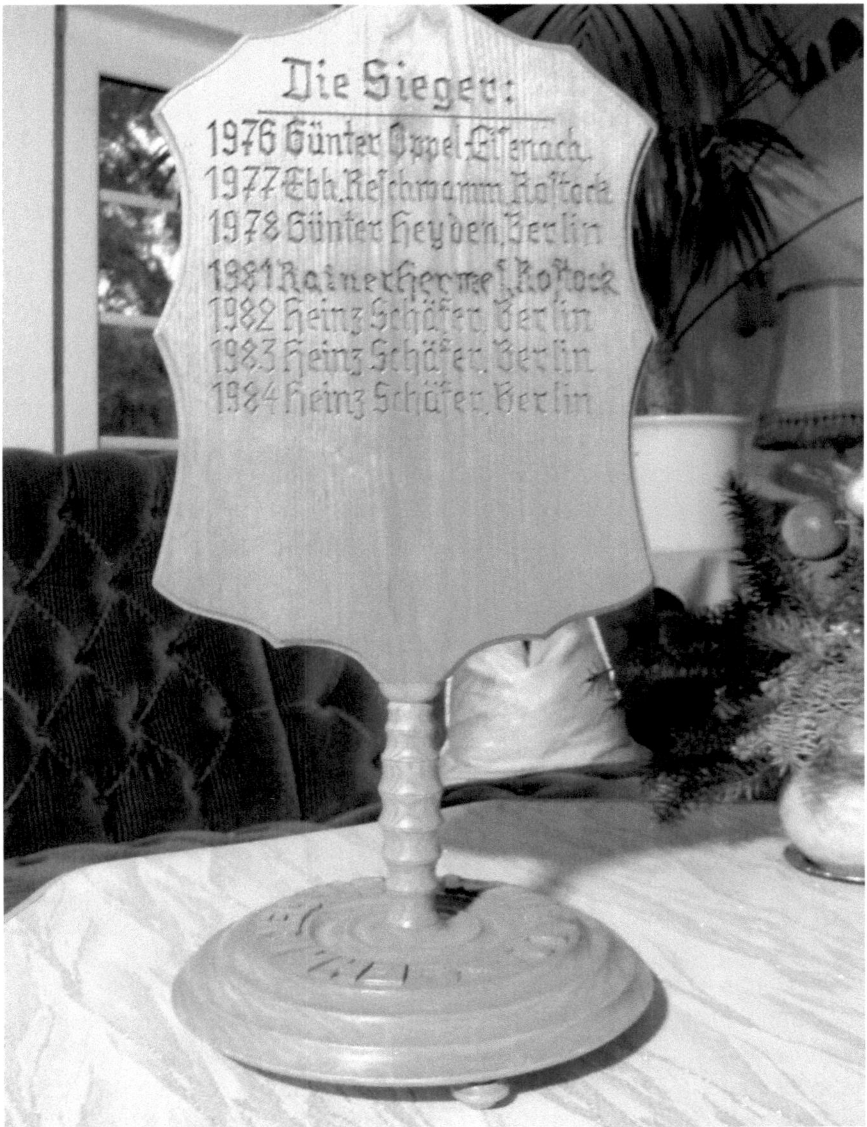

Bild 11 Rückseite des Pokals mit Gravur der Sieger

surfer selbst organisiert. Die ganze Familie mit Freunden und Bekannten halfen bei der Organisation und den Vorbereitungen. Mit Hingabe und Begeisterung taten die Sportsfreunde alles, damit diese Wochenenden ein unvergessliches Erlebnis wurden.
Unvergessen ist z.B. die jährliche Regatta an der Bleilochtalsperre in Saalburg. Günter Oppel und sein Team haben uns dort jedes Jahr neben der eigentlichen Wettfahrt unvergessene Stunden bereitet. Ein aufwendig geschnitzter Wanderpokal wurde für die Regattateilnehmer auf der Bleilochtalsperre eine begehrte Trophäe.
Die Regatten gingen meistens an den Wochenenden über zwei Tage. Es waren insgesamt vier oder fünf Wettfahrten und der schlechteste Lauf wurde gestrichen. Sonnabends wurde dann bei Halbzeit natürlich kräftig Party gemacht und das Tanzbein kräftig geschwungen. Manchmal wurde auch etwas zu tief ins Glas geguckt, so dass man dann am nächsten Regattatag arge Probleme auf dem Surfbrett hatte.
Die jährliche Pfingstregatta in Güstrow auf dem Inselsee wurde ebenfalls Tradition. Traudel und Gundolf Möde hatten mit viel Liebe jedes Jahr diese Regatta organisiert. Natürlich wurde auch hier bei Regattahalbzeit kräftig gefeiert. Die Fete fand immer im dortigen Bootshaus statt, das im Wasser auf Holzpfählen steht. Wir Surfer haben so verrückt Rock'n'Roll getanzt, dass das ganze Bootshaus stark zu schwanken begann. Die erste Regatta auf der Binnen Müritz fand im Sommer 1975 in Waren statt. Sie wurde auch von einem Wasserskiclub, dem MC Müritz, organisiert. Wolfgang Dreier, ebenfalls einer der ersten Surfer im Osten, hatte alle Windsurfer aus der ganzen DDR eingeladen und so gingen am 31.8 insgesamt 39 Teilnehmer an den Start.
1975 folgten noch Regatten in Berlin - Schmöckwitz auf dem Seddinsee, in Ferch /Caputh auf dem Schwielochsee, in Rostock - Warnemünde vor dem Museumsschiff auf der Warnow und zum Abschluss der Saison nochmals auf dem Krüpelsee in Senzig.
Es ging das erste Surfjahr in der DDR zu Ende. Wir hatten in diesem Jahr unheimlich viel gelernt. Die Beherrschung des Surfbretts war nun beinahe perfekt und das Regelwerk des Regattasegelsports hatten wir jetzt wenigstens ansatzweise begriffen. In den Folgejahren kamen weitere Regattaorte dazu, z.B. auf dem Helenesee bei Frankfurt (Oder) durch die Iniative vom Sportfreund Furchner. In Berlin wurden Regatten auf

dem Müggelsee, dem Zeuthener See, dem Krossinsee und dem Seddinsee durchgeführt.
Zu einer klassischen Traditionsregatta entwickelte sich die Berliner Nikolausregatta, die seit Dezember 1977 von Reiner Schmidt am Müggelsee alljährlich organisiert wird. Ohne Unterbrechung ist diese Regatta nun schon seit 31 Jahren durchgeführt worden. Kälte, Schnee und manchmal sogar etwas Eis haben die Regattateilnehmer bei dieser Veranstaltung noch nie vor einem sportlichen Wettkampf abgeschreckt. Weitere Regatten gab es auf dem Süssen See bei Eisleben, dem Tollensesee bei Neubrandenburg und dem Senftenberger See bei Großräschen.
Die Regatten wurden meistens durch Segelvereine mit Unterstützung der Surfer organisiert. Bei einigen Regatten gab es sogar durch die Sponsorenschaft von großen VEB - Betrieben lukrative Sachpreise zu gewinnen. Der VEB Berliner Glühlampenwerk NARVA stiftete großzügige Preise für die Berliner Krossinseeregatta.
Als Schirmherr der Regatta auf dem Süssen See stiftete der VEB Waggonbau Ammendorf als Surfbretthersteller ebenfalls wertvolle Preise. Ich erinnere mich, dass ich dort einmal als Sieger ein Surfsegel aus Polyant gewann. Nach der Siegerehrung wurde mir das Segel förmlich aus der Hand gerissen, da gute Segel absolute Mangelware waren. Ich verkaufte dieses Segel noch vor Ort für einen guten Preis und so hatte ich meine Fahrtkosten ein wenig reduziert.

Beginn der Serienfertigung von Surfbrettern

Das Interesse und die Nachfrage in der Bevölkerung am Windsurfen war nun derartig gestiegen, dass die Staatsführung die Windsurfer nicht mehr ignorieren konnte.
Windsurfen symbolisierte das Gefühl für Freiheit und Unabhängigkeit; das konnte Partei und Regierung gar nicht gefallen. Mit Argwohn wurde die weitere Entwicklung beobachtet, doch die Entwicklung des Windsurfsports in der DDR ließ sich nicht mehr aufhalten. Der Ruf nach einer eigenen Produktion von „Segelbrettern“, wie sie im offiziellen DDR - Sprachgebrauch hießen, wurde so stark, dass ihr statt gegeben wurde. Zufälle spielten auch in der DDR manchmal eine entscheidende Rolle.

Ende 1975 machte die Familie Keitel Urlaub in Graal - Müritz an der Ostsee.
Vater Keitel war Produktionsdirektor im VEB Waggonbau Ammendorf. Wie der Name es schon sagt, produzierte dieser Betrieb Eisenbahnwaggons und zwar überwiegend für die damalige Sowjetunion.
Im Urlaub an der Ostsee las der Sohn Steffen in der Lokalpresse, dass die IHS Warnemünde/Wustrow (Ingenieur Hochschule für Seefahrt) einen Produktionsbetrieb für ihr selbstentwickeltes Segelbrett sucht.
Steffen Keitel war ein aktiver Wasserspringer, der gerade seinen Sport wegen einer Verletzung vorzeitig aufgeben musste. Trotzdem immer noch sehr sportlich, suchte er nach Alternativen für sich.
Der Windsurfsport gefiel ihm auf Anhieb und so warb der Sohn seinen Vater sofort dafür, solche Segelbretter im VEB Waggonbau zu produzieren.
Größere volkseigene Betriebe hatten die staatliche Aufgabe, sogenannte " Konsumgüter " neben ihren Hauptprodukten herzustellen. Damit sollte das zu geringe Warenangebot für die DDR - Bevölkerung verbessert werden.
Oftmals suchten die VEB - Betriebe händeringend nach geeigneten Konsumgütern, die in die eigene Produktlinie passten. Man wollte aber nicht mehr das Fahrrad neu erfinden bzw., den fünfhundertsten Grill auf den Markt bringen.
Der VEB Waggonbau fertigte zu der Zeit gerade Waggons für Sibirien, die besonders stark mit Polyurethanschaum isoliert wurden. Der gleiche Schaum bot sich als Füllstoff für die Surfbretter an und so passte die Segelbrettproduktion sehr gut zum eigentlichen Hauptprodukt.
Die IHS Warnemünde/Wustrow und der Waggonbau Ammendorf kamen ins Geschäft und so begann Anfang 1976 die Serienproduktion des Segelbretts " Delta 1 " .
Bei Leichtwind war das Board für damalige Verhältnisse recht schnell. Mit der durchgehenden Kielung im Unterwasserschiff und der flachen Bauweise lief das Board sehr gut. Nachteilig waren aber wegen der sehr flachen Bauform die Fahreigenschaften in der Welle. Bei stärkerem Wind war das Board auf dem Vorwindkurs fast nicht mehr fahrbar. Es bohrte sich plötzlich in eine Welle und warf beim Auftauchen den Surfer ab wie ein Mustang seinen Rodeoreiter.

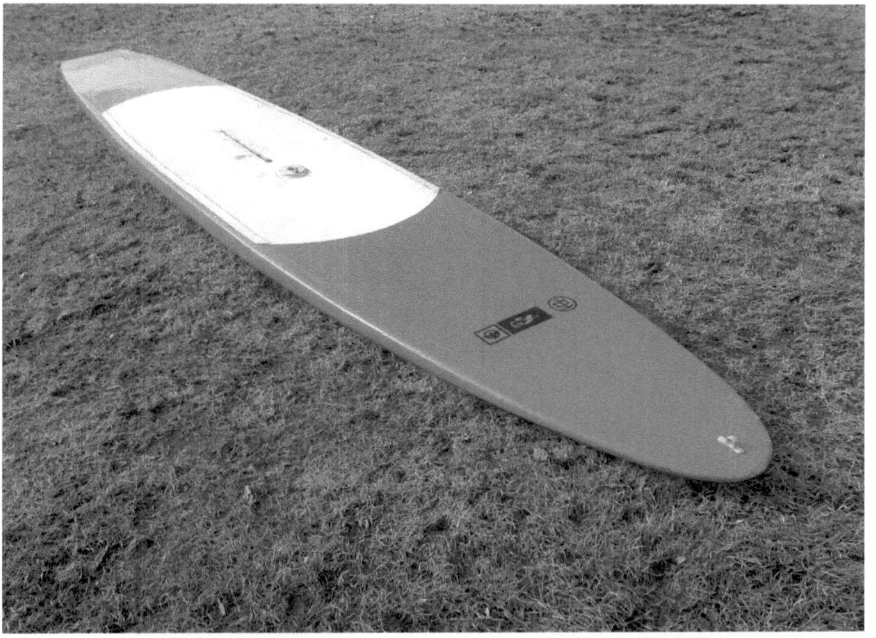

Bild 12 Das Segelbrett „Delta 1“ vom VEB - Waggonbau Ammendorf

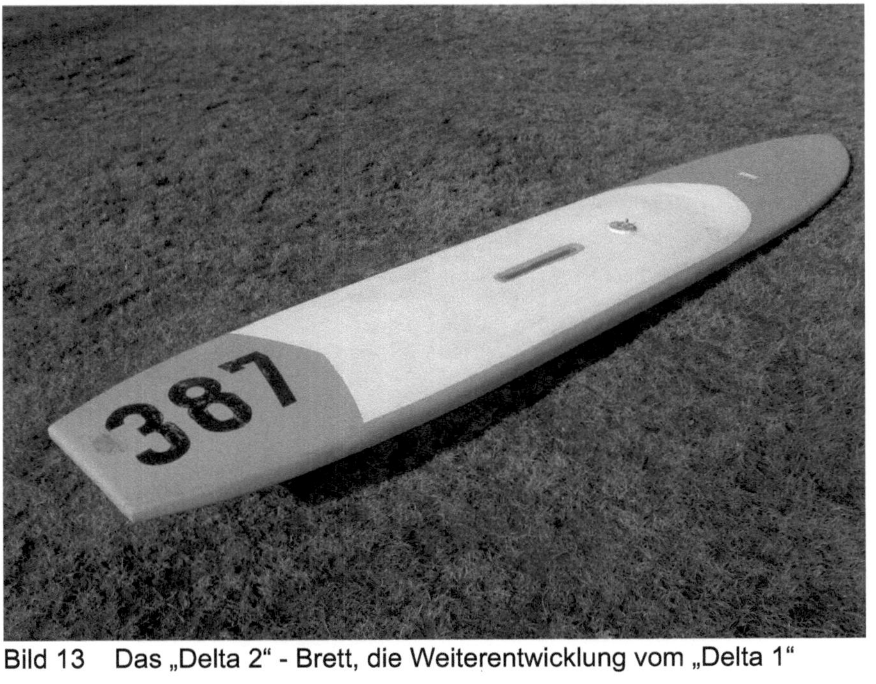

Bild 13 Das „Delta 2“ - Brett, die Weiterentwicklung vom „Delta 1“

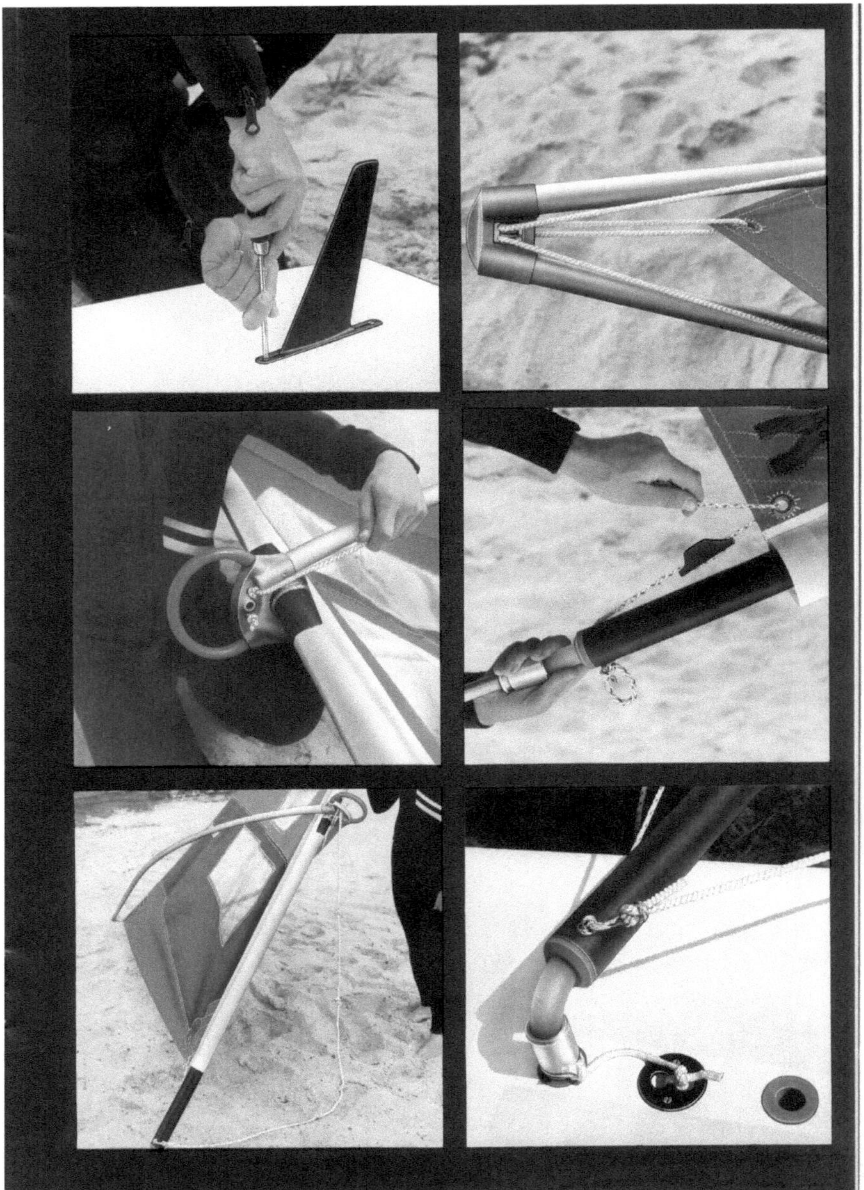

Bild 14 Details vom „Delta“ - Board und - Rigg

Segel wurden aus sogenannter „Manteline" gefertigt. Eine leichte, aber leider auch sehr dehnbare, farbige Kunstfaser. Masten wurden aus GFK selbst gewickelt und Gabelbäume aus Alu Rohren gefertigt.
Fast zur gleichen Zeit brachte der VEB Berliner Yachtwerft ein selbstentwickeltes Segelbrett mit dem Namen „Yptron"auf den Markt. Dieser Betrieb baute Fahrgastschiffe und auch Sportboote. Es wurde aber nur eine sehr geringe Stückzahl vom Yptron hergestellt und nach ca. einem Jahr die Produktion wieder eingestellt.
Es gab mit diesem Brett zu viele Probleme. Der Mastfuß bestand in einem Stück aus Gummi, der in das Board mit einem dicken Kegel eingesteckt wurde. Bei mehreren Riggdrehungen in eine Richtung drehte sich der dünnere Gelenkgummi einfach ab, da es keine weiteren Drehpunkte gab und der Kegel selbst festsaß.
Die Firma PGH (Produktionsgenossenschaft des Handwerks) Bootsbau Wiking in Schwerin brachte 1976 ebenfalls ein Surfbrett auf den Markt. Dieses Brett wurde von dem leitenden Mitarbeiter Jürgen Schubert entwickelt, aber nur in ganz geringen Stückzahlen produziert und dürfte heute so selten wie eine Blaue Mauritius sein. Auch dieses Board verschwand recht schnell ohne bekannte Gründe vom Markt.
Der VEB Waggonbau Ammendorf bemerkte frühzeitig, dass die Eigenschaften vom „Delta 1“ insgesamt nicht zufriedenstellend waren. Bereits im Spätsommer 1976 vergab Ammendorf daraufhin einen Forschungs- und Entwicklungsauftrag an die IHS Warnemünde/Wustrow zu einer Neuentwicklung eines Segelbretts, dem „Delta 2“.
Ralf Bauer und Eberhard Reschwamm von der IHS zeichneten und bauten den Formkern. Letztlich waren beide uneins über das Ergebnis, da der Kern nicht dem entsprach, was der erfahrene Segler Reschwamm erreichen wollte. R. Bauer bestand auf dem vorliegenden Prototyp und so ging dieses Board nach dem Formbau in die Produktion bei Ammendorf.
Das „Delta 2“ Brett hatte am Bug eine deutliche Aufbiegung, war relativ kippstabil, aber produktionsbedingt zwischen 22 und 25 kg schwer. Es hatte die Abmaße 3,65 X 0,65 X 0,125 Meter (Länge x Breite x Höhe) und ein geschätztes Volumen von 190 Litern. Das Steckschwert war aus Hartschaum gefertigt und das Rigg wurde vorerst vom „Delta 1“ übernommen. Erst ab 1978 konnte Ammendorf den höherwertigen Segelstoff " Polyant " für die Segelfertigung einsetzen.

Als Mastfußgelenk wurde erstmals ein sogenannter " Polymerstab " eingesetzt. Das war ein zylindrischer Stab mit gummiähnlichen Eigenschaften, der sich als Mastfußgelenk bestens bewährte.
Olaf Böttcher aus Kamenz hatte dieses Material im technischen Einsatz als Schwingungsdämpfer kennengelernt und erkannte als Surfer sofort die Einsatzmöglichkeit als Mastgelenk. Er ließ sich diese Anwendung patentieren und Ammendorf übernahm dieses Gelenk für die Produktion der Surfbretter. Olaf Böttcher wurde dann für dieses Patent in angemessener Form abgefunden.
Probleme bereitete öfters der Füllschaum im Board, der manchmal noch Wochen nach der Brettproduktion nachgaste und größere Beulen auf dem Brett verursachte.
Grundsätzlich ist zu sagen, dass alle Seriensurfbretter in der DDR ausschließlich im Handlaminierverfahren mit Glasmatte und Polyesterharz, in sogenannten Negativformen, produziert wurden. Wesentlich modernere Verfahren, wie im Westen, gab es schon allein wegen der fehlenden speziellen Kunststoffe nicht.
Die produzierten Stückzahlen des „Delta 2“ konnten nicht den Bedarf in der Bevölkerung decken und so betrug im Laufe der Zeit die Wartefrist auf ein Windsurfbrett bis zu zwei Jahren.

Das Tuning der Surfbretter

Es soll jetzt nicht die Rede von Chiptuning oder Tieferlegung die Rede sein. Nein, aber wir Surfer waren von Anfang an bemüht, unser Sportgerät ständig zu verbessern. Das komplette Delta 2 aus der Serienproduktion genügte uns nicht in seiner Ausstattung.
Ständig waren wir Regattasurfer bemüht, das Brett schneller zu machen und das Handling zu verbessern. Unsere Erfahrungen und Verbesserungen waren den Herstellern wichtig und so konnten die praktischen Erkenntnisse in die Produktion einfließen. Am Board des „Delta 2“ ließ sich fast nichts ändern.
Das Gewicht war uns deutlich zu hoch und so hatten wir Ammendorf immer wieder gebeten, leichtere Bretter zu bauen. Sie waren auch bemüht, aber die Fertigungstechnologie konnte kein leichteres Board

erbringen. Mit viel Glück erhielt man ein Board mit 21 kg, das war sozusagen Ende der Fahnenstange im Minimalgewicht des Boards.
Unser Hauptaugenmerk galt dem Rigg, also dem Segel, Mast und Gabelbaum.
Die originalen Masten waren uns einfach zu weich. Das Segelprofil hatte dadurch zu wenig Spannung. Die Surfer entdeckten die Sprungstangen der Stabhochspringer, die in verschiedenen Härtegraden in der DDR aus GFK und Aluminium gefertigt wurden.
Für uns Berliner Windsurfer ist Gerd Friemel unser Senior und Surfvater. Auch er ist einer der Surfpioniere im Osten und hat wesentlichen Anteil an der Entwicklung des Windsurfsports. Seine Ratschläge und seine Ideen wurden von allen hochgeschätzt. Aber auch seinem Organisationstalent haben wir es zu verdanken, dass vieles möglich wurde, was erst unmöglich erschien. Unter anderem hatte er für uns die GFK - Stabhochsprungstangen von der GHG (Großhandelsgesellschaft) Sportartikel ganz offiziell beschafft.
Einfach war das nicht, aber Gerd schaffte das, wie übrigens vieles andere im DDR Brettsegelsport; aber dazu später mehr. Die Sprungstangen wurden von uns auf Länge geschnitten und mit selbstgedrehten Mastfußbuchsen verklebt.
Für die Spitze entwickelte ich einen kleinen flachen Aussteller aus Aluguss, damit der runde Sprungstab an der Spitze harmonisch in die rechteckige Masttasche ausläuft. Jetzt hatten wir leistungsfähige Surfmasten, die relativ leicht und dennoch hart waren. Einziges Manko war immer noch die gleichmäßige Biegekurve durch die zylindrische Form des Mastes.
Die Berliner Surfer Harri Liedtke und Fredi Kuschke machten sich daran, konische GFK - Masten zu entwickeln. Sie bauten einen konischen Kern, über den der eigentliche Mast laminiert wurde. Es gab anfangs erhebliche Schwierigkeiten, die gewünschte Härte und die Haltbarkeit zu erreichen. Auch das Trennen von Kern und Mast wollte ebenso wenig gelingen, wie im Jahr 1654 das Trennen der berühmten Magdeburger Halbkugeln des Otto von Guericke. Trotz Flaschenzugs gab der Mast seinen Kern vorerst nicht her. Heiztechnik und wesentlich dickere Trennmittel sowie andere Laminiertechnologie ergaben nun nach vielem Testen sehr gute Surfmasten. Diese Masten waren sehr begehrt, wurden aber nur privat, nach Feierabend in ganz kleinen Stückzahlen gebaut.

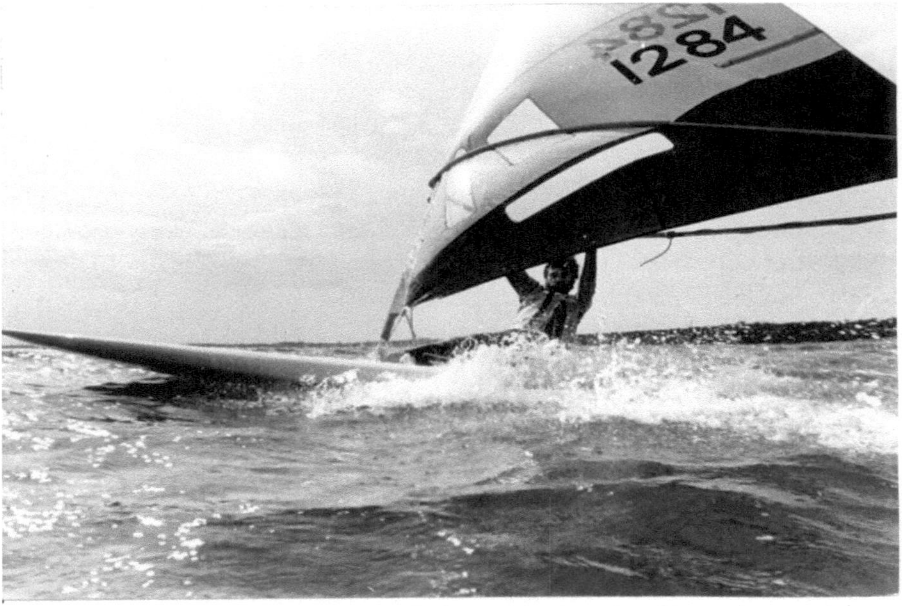

Bild 15 Das Delta Brett wird von R. Schmidt über den Müggelsee gejagt

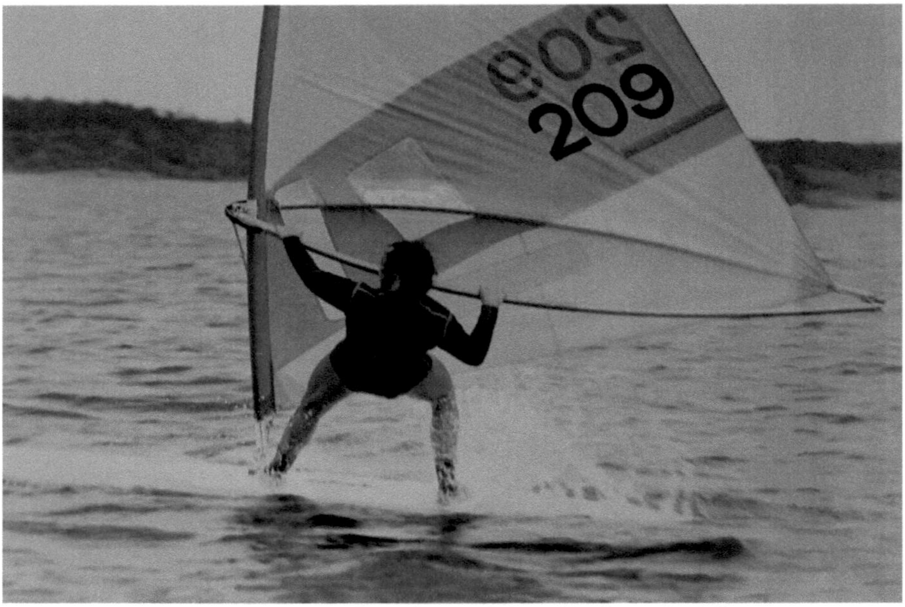

Bild 16 Heinz Schäfer beim Training auf dem Berliner Seddinsee

Die Surfsegel waren ein weiterer wichtiger Verbesserungspunkt, vielleicht sogar der wichtigste neben dem Board, denn das Surfsegel ist der Motor des Surfbretts.
Es ging darum, die Segel bei gleicher Größe von 5,8 m² mit mehr PS, um in der Tuningsprache zu bleiben, auszustatten. Joachim Längert ist von Beruf Autosattlermeister und versteht es daher bestens, mit Nadel und Faden umzugehen. Als einer der ersten Surfer befasste er sich intensiv mit den Surfsegeln. Immer wieder probierte er neue Schnitte und Profile. Mit der Zeit hatte er so viel Erfahrung, dass seine Surfsegel mit Abstand zu den besten in der DDR gehörten.
Polyant war das einzige gute Segeltuch, was J.Längert als selbstständiger Handwerksmeister über seine Liefergenossenschaft beziehen konnte. Wer damals bei Surfregatten erfolgreich sein wollte, musste schon ein Segel mit dem schwarzen geschwungenen " L " - Logo von J. Längert fahren.
Aus der ganzen DDR wollten Surfer ein Segel von ihm, doch die begrenzte Materialmenge ließ nur kleine Stückzahlen zu. Es gab mehrere Surfer, die selbst Segel nähten, aber das Problem war, guten Segelstoff und haltbare Fensterfolie zu bekommen.
Die ersten Gabelbäume aus Ammendorf waren aus Alu -Rohren mit Kopf - und Endbeschlag aus Kunststoff. Sie waren uns aber zu weich und die Holme zu dünn. Bei starkem Wind wurde der Baum zu weit auseinandergezogen und dadurch verringerte sich die Innenlänge. Das hatte wieder eine zu geringe Segelspannung zur Folge und somit stimmte der Segeltrimm nicht mehr.
In meinem kleinen „Einmannbetrieb“, war ich als Werkzeugmachermeister selbstständig. Als Metallfachmann machte ich mich daran und entwickelte als erster einen leichten, stabilen Gabelbaum.
Für den Kopf - und Endbeschlag baute ich Formmodelle, von denen dann im Sandgussverfahren die Aluminiumbeschläge in kleinen Stückzahlen abgeformt wurden. Das war preiswert und ging relativ schnell. Aufwendigere Verfahren lohnten nicht und wären viel zu teuer geworden. Auf der Drehmaschine wurden dann die Aufnahmebohrungen für die Rohre ausgedreht. Das größte Problem war die Beschaffung von leichten, aber festen Alu - Rohren.
Nach langem Suchen wurde ich in der Flugzeugindustrie fündig. Hydraulik - Hochdruckrohr aus der russischen IL (Iljuschin) Flotte waren die

Lösung. Diese Rohre waren trotz der 1 mm dicken Wandung extrem hart und leicht.
Nur in ganz geringen Stückzahlen konnten mein Freund Jürgen und ich diese Rohre in den Flugzeugwartungsbetrieben abstauben. Nun baute ich eine Rollenbiegevorrichtung zum Biegen der Rohre und es folgte der Bau der ersten Gabelbäume. Mit Blindnieten wurden die Rohre in den Beschlägen befestigt und an den Kopfbeschlag kam ein kräftiger Griffbügel aus Gummi mit Stahleinlage.
In den Endbeschlag wurden gleich Laufrollen zur Leinenführung eingebracht und zum Belegen der Trimmleinen wurden Krokodilklemmen aufgenietet. Die Rohre wurden eloxiert und im Griffbereich mit dünnem Rauhleder beklebt. Da einige der Kopfstücke bei hoher Zugbelastung brachen, musste ich diese mehrmals verstärken, bis sie endlich auch bei starkem Wind hielten.
Wegen der Materialprobleme gab ich nach einiger Zeit den Bau der Gabelbäume auf. Ein anderer Berliner Surfer „kupferte“ meinen Gabelbaum ab, verbesserte ihn dann kontinuierlich und produzierte dann beachtliche Stückzahlen. Er hatte anscheinend die Materialbeschaffung besser organisiert als ich. So hatte sich eine kleine Truppe von Surfern gebildet, die durch ihre Ideen und Tatkraft einen beachtlichen Anteil an der qualitativen Weiterentwicklung des Windsurfens hatten. Viele unserer privaten Weiterentwicklungen sind in die Serienproduktion eingeflossen und halfen den großen Surfbrettherstellern in Ammendorf und Bernau das Delta Segelbrett in kleinen Schritten zu verbessern.
Gegen Ende der achtziger Jahre wurden dann von Ammendorf und dem SPW Bernau je nach Materialverfügbarkeit bessere Segelstoffe verwendet. So wurden z.B. Verbundfolien aus der DDR Produktion für das Segel des Deltabretts in geringer Zahl gefertigt.

Die Medien der DDR und das Windsurfen

Die Popularität des Windsurfens war inzwischen so weit gestiegen, dass sich sogar das Fernsehen der DDR für uns interessierte. So drehte das Fernsehen im Juli 1976 einen Kurzfilm an der Müritz, vor dem Schloss Klink. Wir waren eine Gruppe von ca. 20 Windsurfern und wurden vom Fernsehen extra für eine Woche zu den Dreharbeiten engagiert.

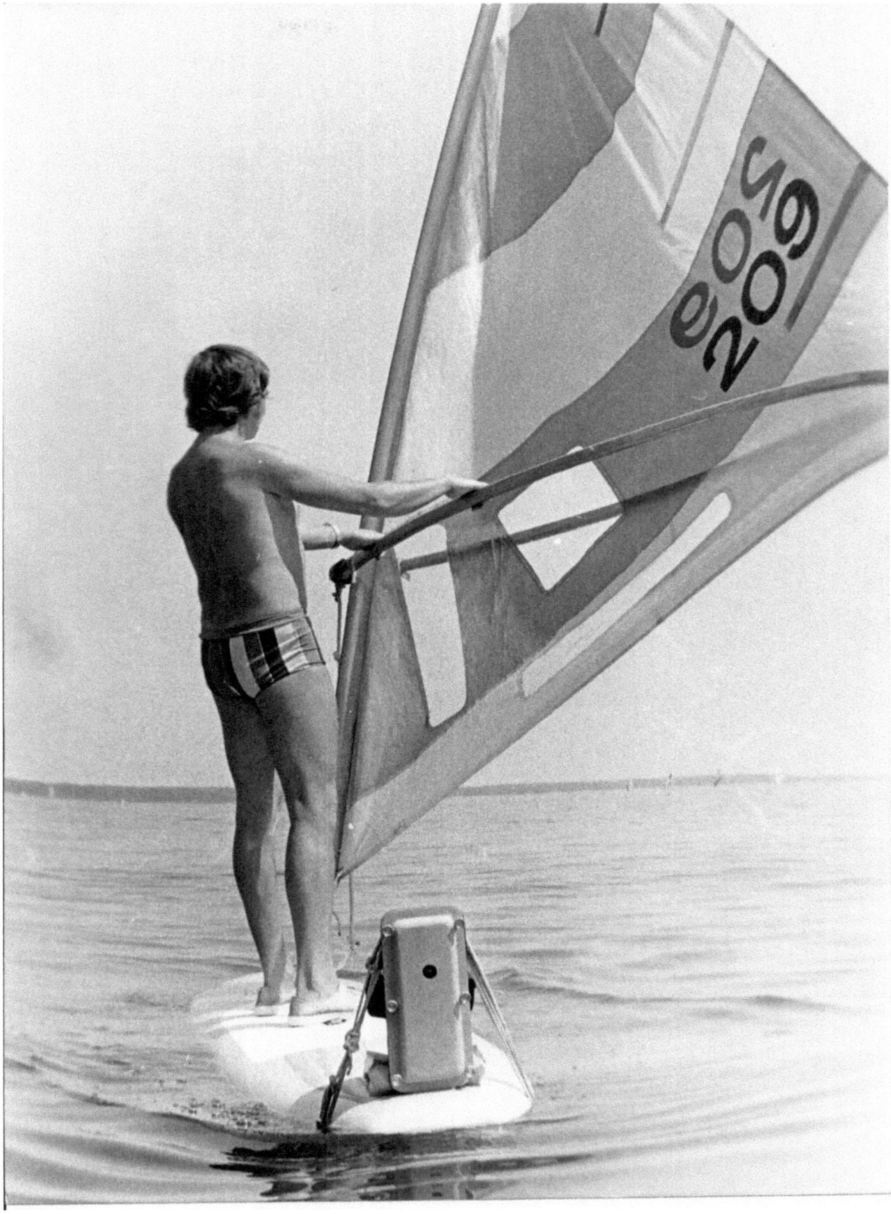

Bild 17 Board mit Filmkamera für das DDR – Fernsehen auf der Müritz

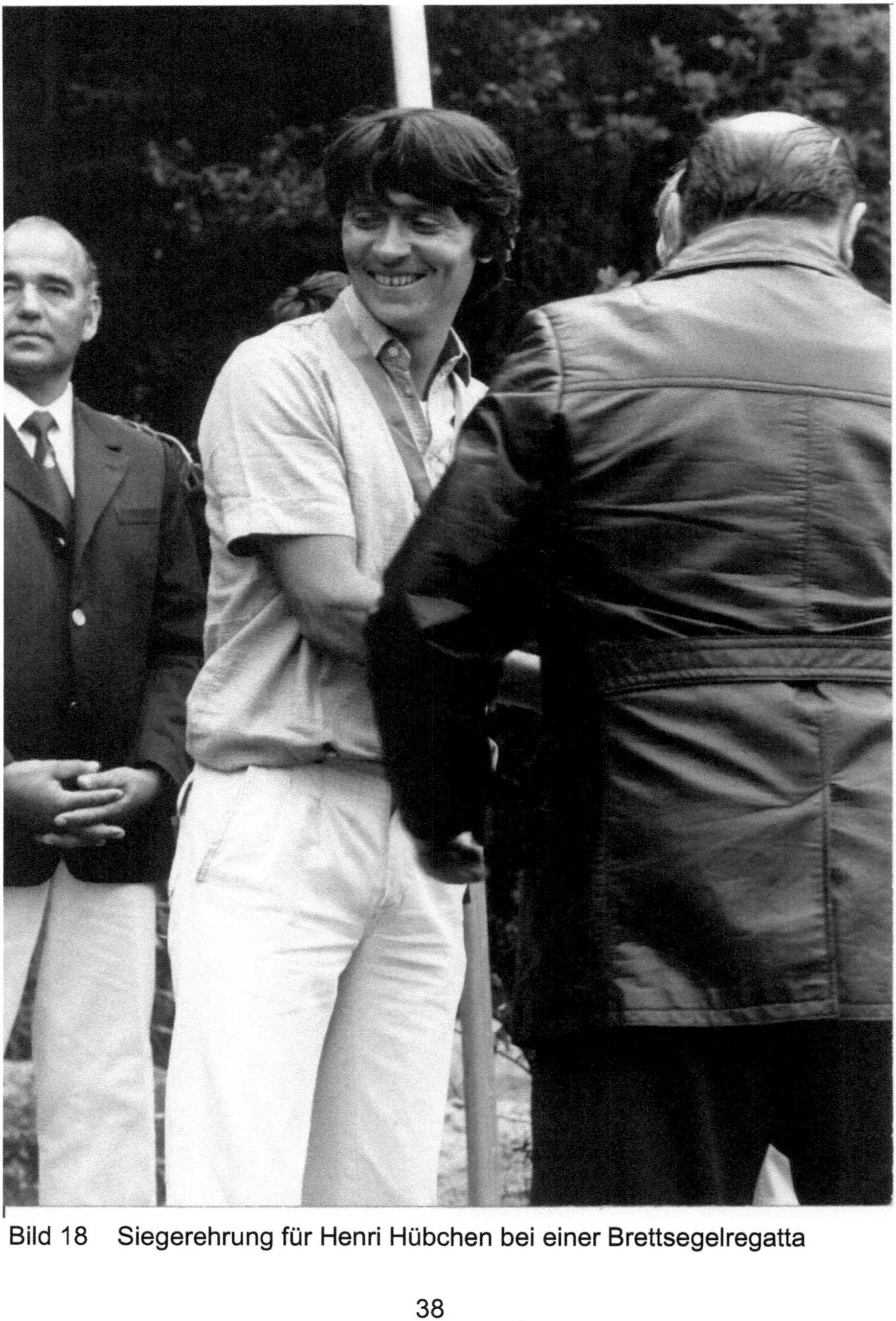

Bild 18 Siegerehrung für Henri Hübchen bei einer Brettsegelregatta

Dieser Film bekam eine kleine Rahmenhandlung und stellte den Windsurfsport in seiner ganzen Schönheit vor.
Günter Fischer, der weltbekannte Komponist und Jazz Musiker, komponierte für diesen Film extra die Musik. Er ist ebenfalls einer der allerersten Windsurfer der DDR und aus gewisser Verbundenheit mit uns schrieb er die Musik.
Die hauptamtlichen Fernsehleute wollten den Film dann gar nicht veröffentlichen, da es kaum Surfbretter zu kaufen gab. Man wollte mit dem Film keine Begehrlichkeiten wecken, die zu der Zeit nicht erfüllbar waren.
In den Achtzigern kam dann sogar das allseits bekannte Sandmännchen mit einem Windsurfer zum Abendgruß zu den Kindern. Auch die Presse nahm zunehmend Anteil am Windsurfen. Große Bildberichte mit ausführlichen Beschreibungen dieses neuen Segelsports waren immer öfter zu lesen. Berichte von Wettfahrten und Meisterschaften mit Ergebnislisten gab es in den regionalen sowohl auch in den einschlägigen Tageszeitungen nun öfters zu lesen.
1978 wurde das Buch „Brettsegeln" vom DDR - Meister Günter Heyden veröffentlicht. Es war das erste Lehrbuch zum Erlernen des Brettsegelns, mit Erläuterungen zum Brett sowie einigen taktischen Ratschlägen zum Regattasport. G. Heyden hat dann später auch noch einige Artikel zum Brettsegeln im „Segelsport" veröffentlicht. Der Segelsport war die offizielle Zeitschrift vom BDS (Bund Deutscher Segler).
Etwas Besonderes und ich glaube bis heute weltweit Einmaliges, erlebte eine kleine Berliner Surftruppe im Dezember 1978. Diejenigen, die damals dabei waren, können noch heute sagen: „Wir haben eine Surfregatta bei Minus 15 Gad Celsius mitgefahren".
„Das geht nicht" , wird der Leser sagen! Nun, der Film des DDR - Fernsehens beweist es! Wir waren zu einer Kombinationsveranstaltung ins polnische Rybnik eingeladen. Sie bestand aus der Kombination von Windsurfen und Skifahren. Die Regatta fand auf einem riesigen Stausee eines Elektrizitätskraftwerks statt. Der See diente zur Kühlung der Turbinen und hatte daher eine höhere Wassertemperatur als normale Gewässer.
In der Nacht vor der Regatta fiel das Thermometer auf fast 20 Grad Celsius unter Null!! Wir trauten morgens unseren Augen nicht: alles tiefgereift und gefroren. Der See aber schien zu dampfen, denn er konnte

wegen der Plusgrade im Wasser nicht zufrieren. Das Fernsehteam filmte uns, wie wir alles, was nur irgendwie warm war, unter oder über dem Neopren anzogen. Vorsichtig wurden erst die Bretter zu Wasser gelassen und vom Steg die Riggs ins Board gesteckt. Vom Steg stiegen wir direkt auf das Brett. Wer das Rigg auch nur eine Sekunde ins Wasser fallen ließ, hatte beim Aufholen sofort das blanke Eis im Segel.

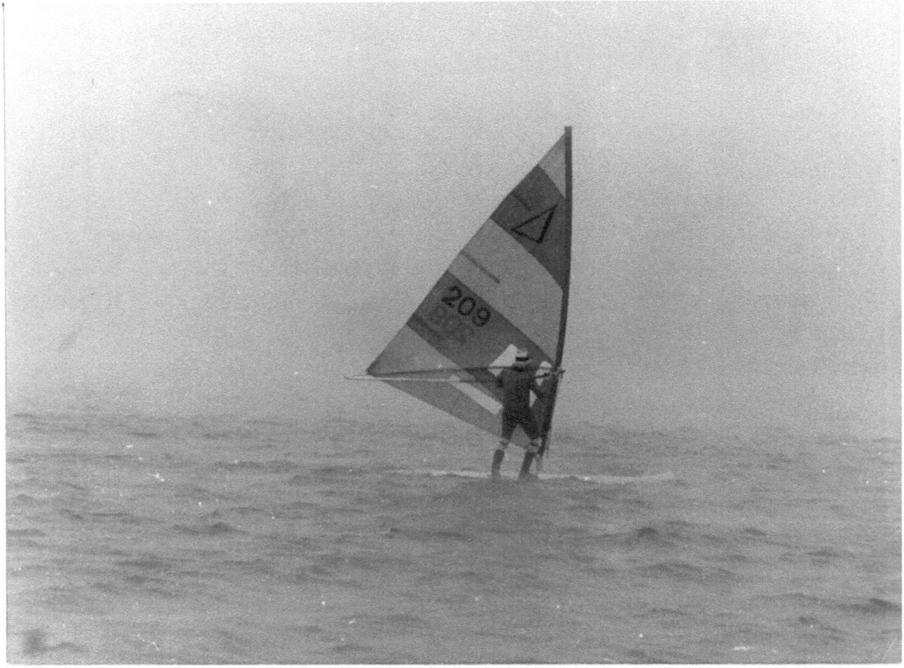

Bild: 19 Regatta im polnischen Rybnik bei minus 15 Grad Celsius

Das Deck des Boards blieb durch das Überspülen des Wassers einigermaßen trittsicher. Nun soll keiner denken, das Wasser war warm, nein, es hatte vielleicht ca. 3 Grad Plus. Der extreme Temperaturunterschied der Luft und des Wassers machte die Szenerie förmlich gespenstisch.
Die polnischen Sportfreunde gingen mit kleinen Segeljollen an den Start und wir mit den Surfbrettern. Nach dem Start musste ein Motorboot voraus fahren, da wir in dem Dunst keine Kurstonne mehr sehen konnten. Einige fielen auch ins Wasser, waren aber wieder unglaublich schnell auf dem Brett. Nach der Regatta haben wir nur noch die Köpfe geschüttelt

und ausgiebig über diese Verrücktheit gelacht. Der anschließende Skislalom fand ca. 60 Kilometer entfernt in den Beskiden statt.
Den Film über diese außergewöhnliche Veranstaltung hüten heute alle Dabeigewesenen und zeigen ihn dann irgendwann ihren Enkelkindern, die dann staunen, was Opa oder Oma einmal für coole und abgehärtete Surfer waren. Übrigens gibt es das Gerücht, dass das DDR - Fernsehen diesen Film in die USA verkauft hat. Für solche Extreme waren und sind ja die Amerikaner immer zu haben.

Thiessow, unser Hawaii in der DDR

Wenn damals einer unserer Surffreunde von seiner Oma oder Tante eine Surfzeitung aus dem Westen bekam, las er sie und gab sie weiter. So gingen die Surfzeitungen dann durch viele Hände.
Unfassbar waren für uns die Manöver und Sprünge der Windsurfer in den riesigen Wellen vor Hawaii. Die doppelseitigen Poster schmückten unsere Wände und ließen uns davon träumen, wie wir in solchen Wellen surfen. Das war natürlich sehr vermessen, denn unser Equipment wäre dafür überhaupt nicht geeignet gewesen und Hawaii war für uns erreichbar wie Sterne ferner Galaxien.
Aber dennoch, wir träumten davon, in größeren Wellen als in denen unserer Binnenseen zu surfen. Unser einziges Meer mit größeren Wellen war die Ostsee, aber die war für uns tabu. Jeder DDR - Bürger wusste, dass die Ostsee Grenzgewässer war und von den Grenzsoldaten zu Lande und zu Wasser streng bewacht wurde. Nicht einmal mit einer Luftmatratze durften im Sommer die Badenden ins Wasser. Wenn nachts ein Liebespärchen im Strandkorb kuscheln wollte, konnte es ihm passieren, verhaftet zu werden, denn nächtliche Aufenthalte am Strand waren verboten!
Auf der Karte suchten wir nun geeignete Surfspots, die in die Ostsee übergehen und trotzdem für den Wassersport nicht verboten waren. Dafür kamen nur die offenen Boddengewässer um die Insel Rügen in Frage.
Damit verbunden musste aber auch ein Campingplatz zum Übernachten in der Nähe des Surfspots verfügbar sein. Das war dann ein noch größeres Problem, denn Plätze für ein Zelt oder einen Wohnwagen in Ostsee-

nähe wurden nur nach langer Wartezeit vergeben. Außerdem wurden die Personalien der Camper wegen der Grenznähe streng kontrolliert. An der äußersten Südostspitze Rügens, in Thiessow wurden wir dann fündig. Zwischen Thiessow und Zicker fanden wir eine herrliche Wiese, direkt am Wasser.

Vor uns lag mit Blick nach Süden der Greifswalder Bodden in seiner ganzen Größe. Das gegenüber liegende Ufer des Festlands war nicht mehr sichtbar, nur westlich ganz weit entfernt die Spitze des Greifswalder Doms und östlich die Insel der Ruden.

Die Wiese wurde von den Fischern zum Trocknen ihrer Netze genutzt und nach vielem Bitten gestatteten sie uns, unter größter Vorsicht die Netze zu umgehen, um zum Wasser zu gelangen. Bei nordöstlichen Winden läuft eine lange Welle von weit her die Ostsee herunter, direkt in den Greifswalder Bodden. Darauf hatten wir es abgesehen; wir hofften, von diesen Wellen in Thiessow etwas abzubekommen.

Nun musste noch das Problem der Übernachtung gelöst werden. Wir Windsurfer waren immer Camper. Also, auf zum Zeltplatzwart vom Campingplatz Thiessow, der über einen Standplatz für Zelt oder Campinganhänger zu entscheiden hatte. Es war erkennbar, dass dieser ältere Herr gerne ein Gläschen oder auch mehr trinkt. Jedenfalls war er für Präsente, besonders in Form von Bier, Schnaps und Salami, sehr empfänglich und nach Entrichtung von einigen dieser kleinen Aufmerksamkeiten durften wir dann auf dem Wochenendplatz unser Lager für einige Tage aufbauen. Campinggebühren mussten natürlich trotzdem bezahlt werden!

Unsere ersten langen Ausflüge auf dem Greifswalder Bodden sind noch heute unvergesslich. Als wir aus der Abdeckung des Südperds von Thiessow Richtung Süden surften, kamen von Osten immer größer werdende Dünungswellen. Wir waren überglücklich, zum ersten Mal größere Wellen zu erleben. In voller Fahrt einmal nach Lee abfallen und eine große runde Dünungswelle abreiten, dass war es, was wir gesucht hatten.

Unsere damaligen Surfboards waren natürlich viel zu groß und zu träge, um rasante Manöver zu fahren. Aber jetzt hatten wir es endlich selbst erlebt, wie das Surfboard immer schneller wird, wenn es eine Welle herunter fährt und dabei sogar der Druck im Segel nachlässt. Unsere Begeisterung war unbeschreiblich, wir waren happy und fühlten uns frei von

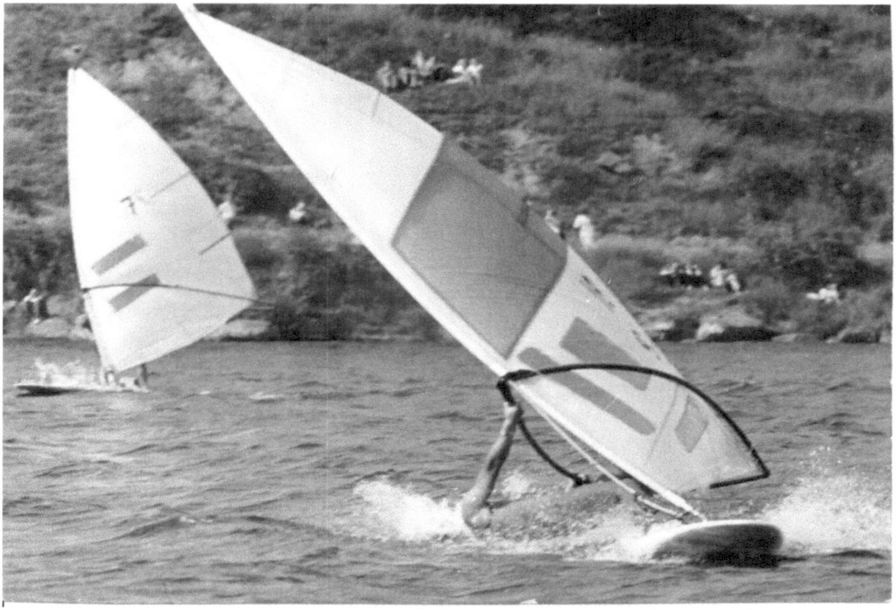

Bild 20 Voller Einsatz von Torsten Schulz auf dem Süssen See

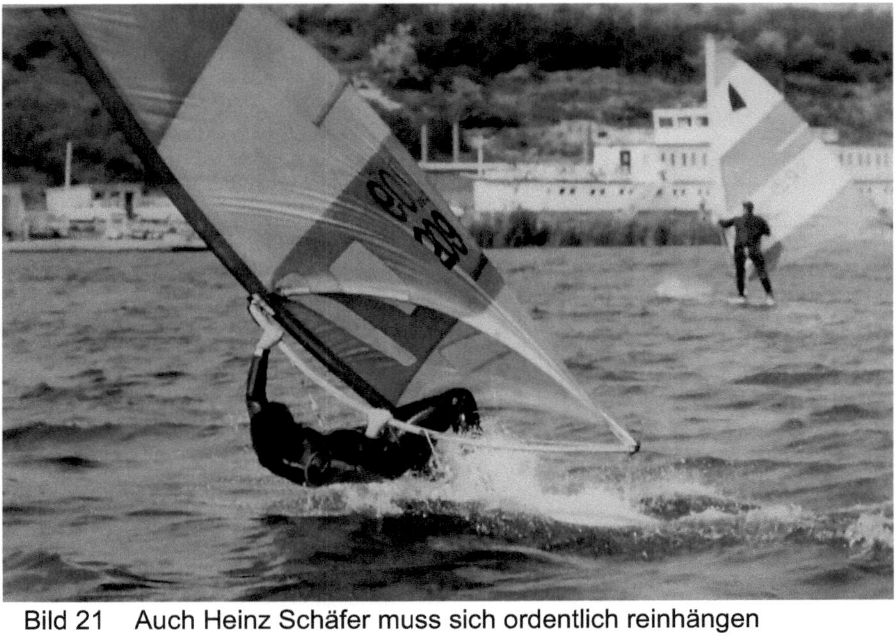

Bild 21 Auch Heinz Schäfer muss sich ordentlich reinhängen

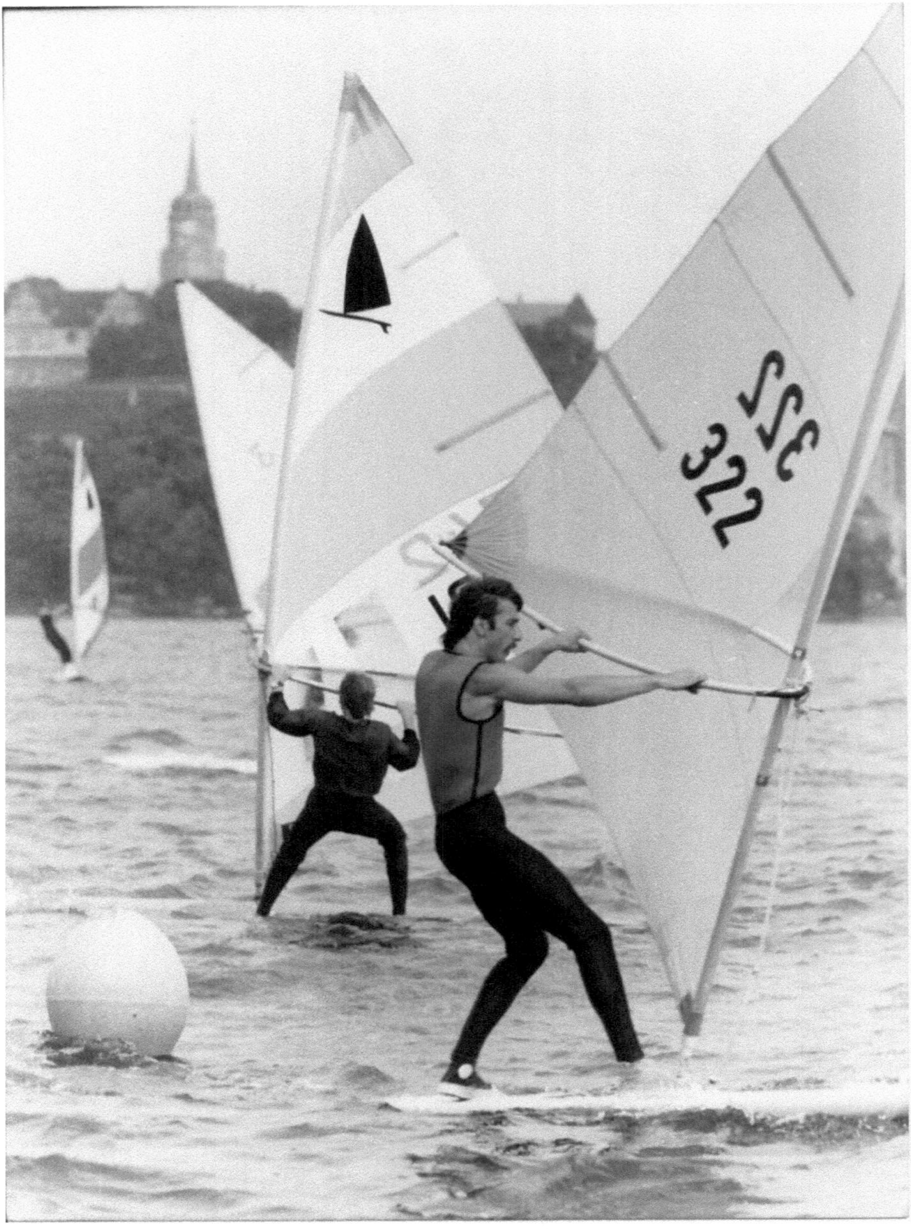

Bild 22 Packender Positionskampf von G. Heyden (vorne) und M. Rietz

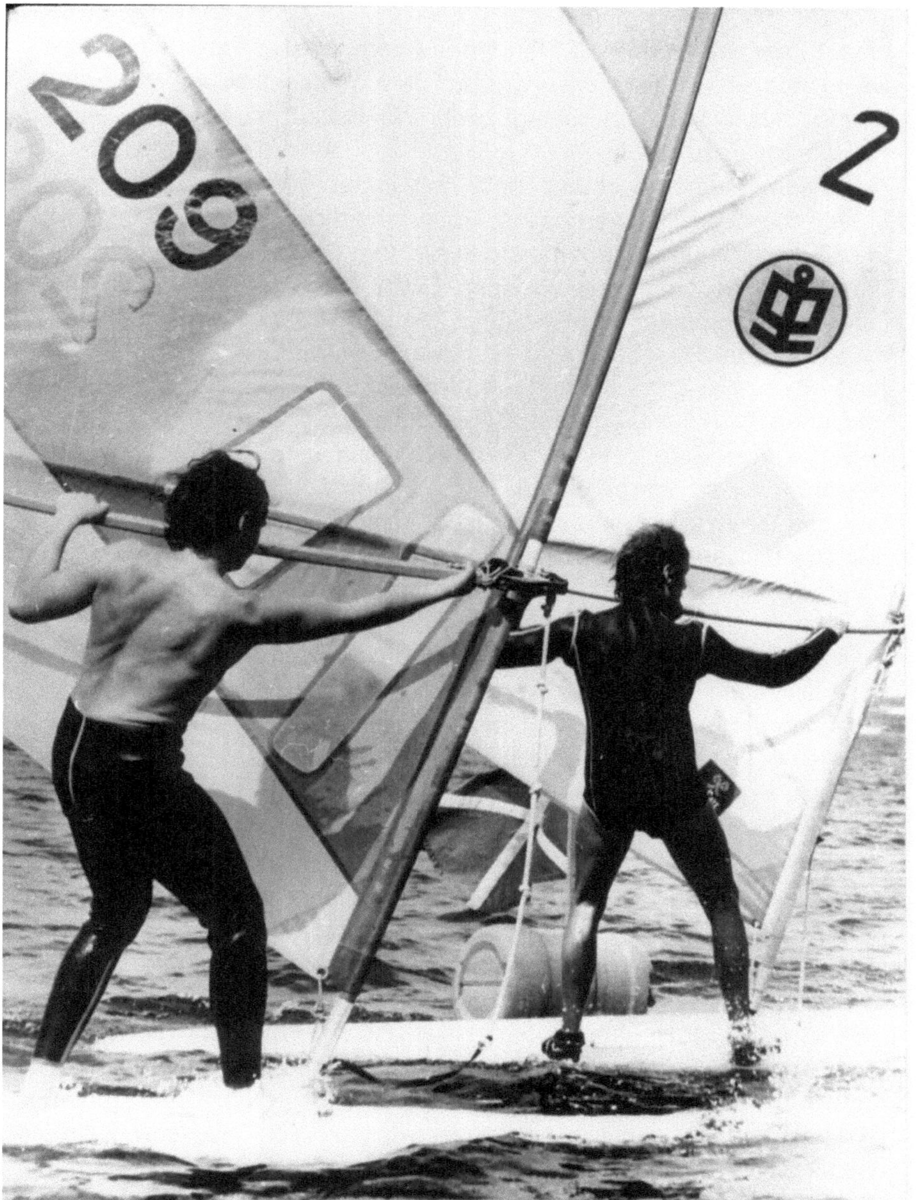

Bild 23 H.Schäfer und E.Reschwamm im Wettkampf an der Kurstonne

allen Einengungen. In den Stunden auf dem Wasser vergaßen wir zeitweilig, das es nur ein Bodden war, auf dem wir segelten und das uns die offene Ostsee trotzdem versagt blieb. Wir hatten unser kleines Hawaii des Ostens entdeckt.
Bei einem meiner Surftörns hatte ich in meiner Euphorie völlig die eigentliche Grenzlinie vergessen. Es war herrlicher Wind und ich surfte in östliche Richtung. Ich bemerkte in meinem Glücksgefühl nicht, wie ich die eigentliche Grenzlinie überfuhr. Diese war ja nicht sichtbar, aber jeder Wassersportler wusste, dass die gedachte Linie vom Südperd Thiessow zum Ruden die Grenze darstellte. Genau in meine Fahrtrichtung, aber noch ca. 3 Kilometer entfernt, lag ein Küstenschutzschiff der sogenannten Volksmarine zum Grenzschutz vor Anker.
Die drohende Gefahr, in die ich direkt hineinsurfte, hatte ich gar nicht erkannt. Erst als ich bereits die Insel Rügen nördlich einsehen konnte und das Grenzschiff eine rote Rakete schoss, wusste ich, was los ist. Blitzschnell wendete ich, um nach Thiessow zurückzukehren. Mir schlug das Herz bis zum Halse. Ich hatte fürchterliche Angst, wegen versuchter Republikflucht verhaftet zu werden.
Eine plötzliche schwarze Wolke hinter dem Grenzschiff verriet mir, dass die Maschinen angelassen wurden und nun sicher meine Verfolgung aufgenommen wird. Gott sei Dank konnte mich das Schiff nur wenige Minuten verfolgen, da der Greifswalder Bodden außerhalb der Fahrrinne für diese Schiffe zu flach ist.
Völlig erschöpft am Ufer angekommen, erzählte ich meinen Surfkumpels von dem Vorfall. Am späten Nachmittag hatte ich die Geschichte längst vergessen. Als wir gerade unsere Segel zum Feierabend abriggten, kam ein Jeep der Grenztruppen mit rasanter Fahrt auf unsere Wiese. Mit Maschinenpistolen bewaffnet, kamen zwei Soldaten und ein Offizier, die im strengen Ton nach dem Surfer fragten, der am Vormittag die Grenze verletzt hat. Keiner unserer Surfer hat mich verraten und so mussten unsere lieben Grenzsoldaten nach eindringlichen Ermahnungen ohne den vermeintlichen Grenzverletzer abziehen.
Bereits Ende der Siebziger Jahre entwickelte sich Thiessow zu dem bekanntesten Surfspot in der DDR. Rasend schnell hatte sich herumgesprochen, dass man in Thiessow fast ideale Bedingungen zum Surfen hat. In den Schulferien im Frühjahr und Herbst war Thiessow besonders von Windsurfen bevölkert. Aus allen Ecken der DDR kamen Surfer hier-

her und nahmen den weiten Weg, z.B. aus Leipzig, Zwickau oder aus dem Erzgebirge, auf sich, um ein wenig in Wellen zu Surfen. Als in den achtziger Jahren das Funboardsurfen auch zu uns kam, wurde Thiessow noch begehrter.
Eine Augenweide waren die rasanten Funboardmanöver von Ulf Dalibor und Conni aus Leipzig, sowie Andi Benedict aus Rostock. Mit den kleineren, leichten und wendigeren Boards sowie moderneren Segeln konnten jetzt erst so richtig die Möglichkeiten in Thiessow genutzt werden.
Einen Campingplatz zu bekommen, wurde immer schwieriger und der bereits erwähnte Zeltplatzwart immer unverschämter. Einige ganz fanatische Surfer wurden sogar wegen des Surfens Aussteiger, gaben ihren Beruf auf und zogen nach Thiessow oder in dessen Nähe. Mit Gelegenheitsjobs hielten sie sich finanziell über Wasser und ansonsten lebten sie nur für das Windsurfen. Dazu gehörten außergewöhnlich viel Begeisterung und Mut, denn solchen Individualismus wollte der sozialistische Staat überhaupt nicht und wenn man nicht aufpasste, wurde einem dann schnell Asozialität angehangen. Ich erinnere mich z.B. an Britta, eine ganz verrückte Surferin, die nach Thiessow zog und nur für das Surfen lebte und alles andere dafür aufgab.
Ende der achtziger Jahre wurde Thiessow sogar richtig International. Es kamen Surfer aus Tschechien und Ungarn, die von dem schönen Surfspot in Thiessow erfahren hatten. Auch in diesen Ländern hatte sich der Windsurfsport inzwischen rasant entwickelt. Unendlich viele Erlebnisse und Geschichten verbinden die Surfer noch heute mit Thiessow; sie alle zu schildern sprengt den üblichen Rahmen.
Direkt auf unserer damaligen Wiese befindet sich heute eine Surfschule mit Brettverleih. Damit dürfte belegt sein, dass sich Thiessow auch noch heute als Surfspot bei den Windsurfern großer Beliebtheit erfreut und immer wieder gerne angesteuert wird.

1. Bestenermittlung der Brettsegler der DDR 1977 in Rostock/Warnemünde

Ende 1976 beschloss der BDS (Bund Deutscher Segler) der DDR, die immer zahlreicher werdenden Brettsegler zu organisieren. Längst hatte man erkannt, dass diese neue Segelsportart keine Eintagsfliege mehr ist

und sich auch in der DDR - Bevölkerung immer steigenderer Beliebtheit erfreute.
Die Produktion des „Delta 2“ Surfbretts im VEB Waggonbau Ammendorf war nun angelaufen und damit die Voraussetzung zu einer nationalen Bootsklasse für den Regattasport gegeben. Ziel war es, möglichst viele Windsurfer für das organisierte Vereinsleben in den Segelclubs zu binden. Damit sollte der allzu starke westliche Einfluss auf diese Sportart vermieden werden und gleichzeitig eine gewisse gesellschaftliche Kontrolle über die Windsurfer erfolgen. Die besondere Mobilität der Windsurfer erschwerte aber diese Ziele, denn ein Windsurfer benötigte keinen Bootsstand in einem Segelclub und die damit verbundenen Verpflichtungen.
Windsurfer lagerten ihr Sportgerät im Keller, Schuppen oder in der Garage und waren damit unabhängig. Wenn sich die Bäume vom Wind bogen, wurde die Surfausrüstung auf das Auto verladen und dann ging es, vorausgesetzt man hatte Zeit, ab zum See. Diese Unabhängigkeit blieb der Staatsführung immer ein Dorn im Auge und so blieben die meisten Windsurfer in der DDR nach wie vor reine Freizeitsportler, die nicht Bestandteil des organisierten Vereinslebens waren.
Wir sogenannten Surfpioniere waren aber längst vom Wettkampffieber infiziert und wollten auch weiterhin Regatten fahren. Inzwischen nahmen an unseren Regatten Sportfreunde mit den unterschiedlichsten Surfbrettern und den verschiedensten Segelgrößen teil, so dass eine Chancengleichheit nicht mehr gegeben war. Als Regattasurfer hatten wir ein gewisses Privileg und bekamen als erste ein „Delta 2“ - Segelbrett.
Die ersten 200 Segelnummern waren für die IHS Warnemünde/Wustrow als dem sogenannten Schöpfer des „Delta 2“ reserviert. Die Windsurfer der ersten Stunde erkannte man von nun an, dass sie Segelnummern von Nr. 201 aufwärts hatten und diese Segelnummer auch meistens bis zum Ende ihrer aktiven Regattalaufbahn behielten.
Bei der Herbstregatta 1976 in Rostock fand eine Zusammenkunft der Windsurfer mit dem Vizepräsidenten des BDS, Dr. Risch statt, während der festgelegt wurde, dass spätestens 1978 die Einheitsklasse „Segelbrett Typ Delta" als Voraussetzung für offizielle DDR - Meisterschaften geschaffen wird.
Gleichzeitig wählten wir aus unseren Reihen Eberhard Reschwamm als Klassenobmann für das Brettsegeln in die Regattakommission des BDS.

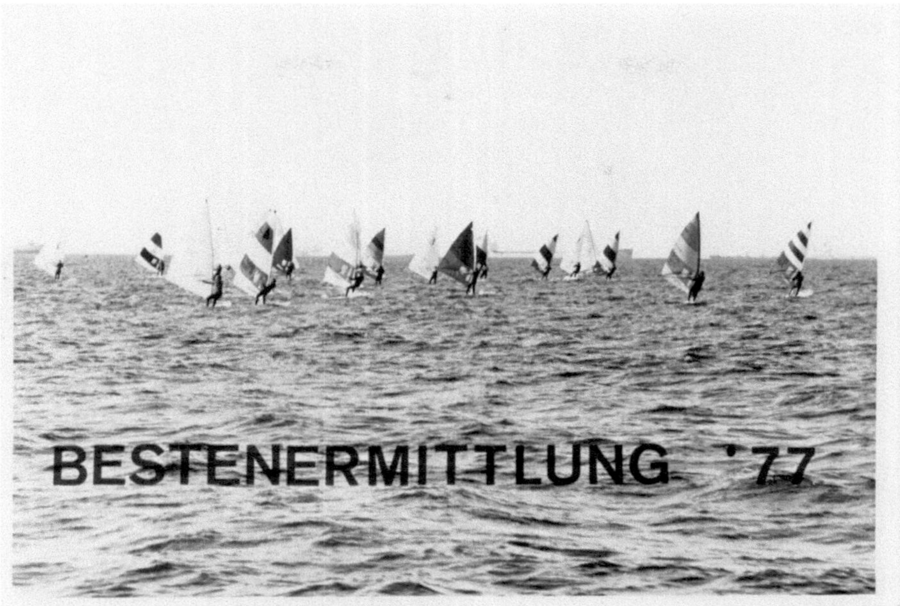

Bild 24 Nach dem Start bei der Bestenermittlung 1977 in Warnemünde

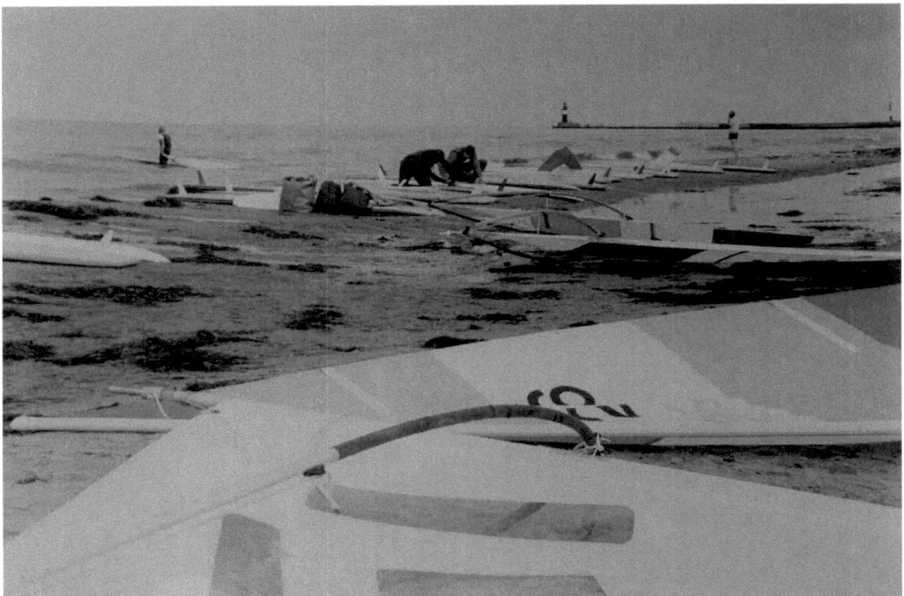

Bild 25 Regattavorbereitungen am Strand von Warnemünde 1977

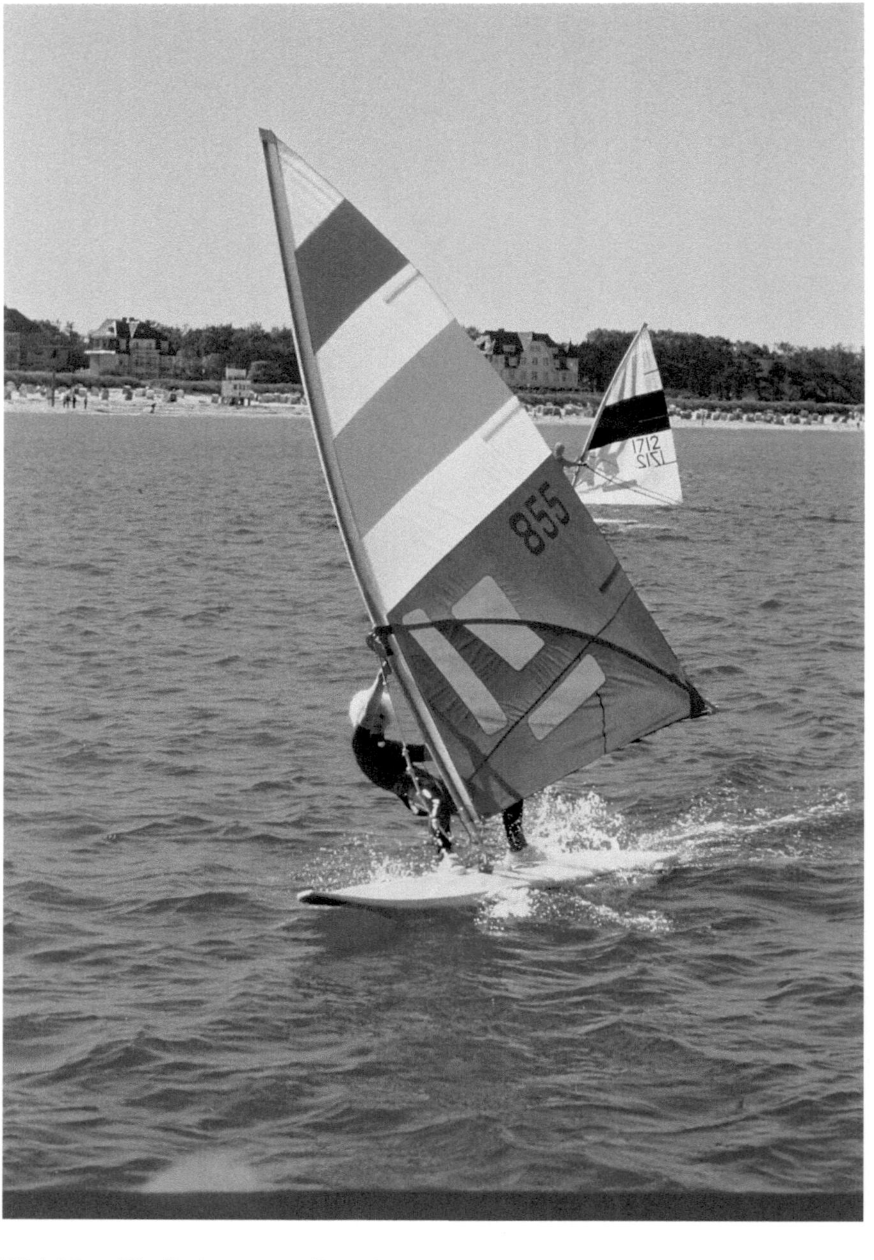

Bild 26 Sibylle Längert, die erfolgreichste Windsurferin der DDR

Ferner wurde festgelegt, dass Bau - und Vermessungsvorschriften erarbeitet werden, denen dann alle teilnehmenden Segelbretter an DDR-Meisterschaften entsprechen müssen.
1977 wurden nun zunehmend Delta - Surfbretter zu den Regatten gemeldet. Wir gingen nun in das dritte Regattajahr und nach wie vor fanden diese Regatten an den inzwischen traditionellen Orten statt.
Höhepunkt von 1977 wurde die DDR - Bestenermittlung im Brettsegeln vom 23 bis 25. September auf der Ostsee vor Warnemünde. Nanu, wird der Leser verwundert fragen, wie ging das denn? Die Ostsee war doch wegen der Grenze für den normalen Wassersport total verboten! Anfangs konnten wir Regattasurfer es selbst nicht glauben, als wir durch „Cuno" (Spitzname von Eberhard Reschwamm) von dem Vorhaben erfuhren.
Die IHS Warnemünde/Wustrow hatte natürlich ein besonderes Interesse, diese erste Bestenermittlung im Brettsegeln als offiziellen Vorläufer der DDR - Meisterschaft, vor Ihrer Haustür, auf der Ostsee, durchzuführen. Als Entwickler des Delta - Bretts legten sie sich mächtig ins Zeug und schafften es in vielen Gesprächen, vor allem die entsprechenden Grenzorgane zu überzeugen.
Entscheidend für die Zusage war eine Zusicherung, dass wegen zu großer Entfernungen keine Fluchtgefahr besteht und die Windsurfer auf den Radarschirmen der Grenzschiffe der Volksmarine gut sichtbar wären. Beides stellte sich übrigens später als Irrtum heraus, denn ca. 40 km bis Dänemark wären bei günstigen Bedingungen für uns kein Problem gewesen und die Sichtbarkeit des Surfgeräts auf dem Radarschirm gab es ebenfalls nicht. Für ein reflektierendes Signal auf einem Radarschirm bot der Gabelbaum als einziges größeres Teil aus Metall ein kaum sichtbares Signal auf den Radargeräten.
Hätten die Grenzorgane damals davon Kenntnis gehabt, wäre es nie zu dieser Regatta gekommen. Anscheinend hatten die entsprechenden Organe recht schnell dazugelernt, denn eine Regatta auf der offenen Ostsee gab es in der DDR nie wieder.
Zu dem Regattatermin wurden strenge Auflagen erteilt. Direkt am Ostseestrand von Warnemünde, vor dem bekannten Hotel „Neptun“, wurde ein großes Armeezelt aufgebaut. Von mehreren Soldaten und Offizieren wurden wir bewacht. Vor der Regatta wurden wir strengstens "vergattert". Jeder Teilnehmer wurde bei Androhung von Strafe auf strikte Ein-

haltung der Anweisungen belehrt. Unter Beobachtung riggten wir unsere Segel in einer Art Umzäunung auf und bevor wir dann auf das Wasser gingen, mussten wir die Personalausweise mit einer schriftlichen Abmeldung abgeben.
Uns war das alles egal, zu groß war die Freude, endlich einmal auf der offenen Ostsee surfen zu dürfen. Da der Regattakurs auch noch durch ein Vermessungsschiff versehentlich mehr als doppelt so groß wie normal gelegt wurde, waren wir mehrere Stunden auf dem Wasser und das Ufer mit Hotel „Neptun“ war zeitweise nur noch sehr klein zu sehen.
Damals starteten noch Männer und Frauen gemeinsam, wurden aber getrennt gewertet. Bei den Damen gewann Petra Timmermann aus Rostock und bei den Männern Steffen Keitel aus Halle.
Völlig erschöpft wegen der überlangen Regatta gingen wir nachmittags ans Ufer. Es folgte die ganze Prozedur rückwärts mit sofortiger Anmeldung und Rückübergabe des Personalausweises durch die Grenzoffiziere.
Nach der Rückkehr gab es bei den Grenzern große Aufregung, einer der Surfer hatte sich nicht gleich zurückgemeldet. Erst nach mehrmaligem Lautsprecherausruf meldete sich der Surfer. Mit einem Grinsen sagte er, dass er nach diesem schönen Surferlebnis ganz vergessen hatte, wo er sich befindet!!
Übernachtet haben wir damals in dem Studentenheim der IHS in Warnemünde. Unsere Surfbretter wurden nachts bewacht und mussten mit den Autos auf dem Gelände der IHS abgestellt werden und durften bis zum nächsten Morgen nicht mehr bewegt werden.
Diese Regatta war damals für uns historisch, erstmals durften wir für wenige Stunden ganz offiziell auf die offene Ostsee, lernten erstmals unsere Boards bei mittlerem Wind in den Wellen kennen. Wir hofften damals auf weitere solcher Regattan, leider vergebens, denn, wie schon gesagt: Das gab es in der DDR nie wieder!
1978 nahm die Anzahl der Windsurfer deutlich zu. Die Serienproduktion vom „Delta 2“ lief nun auf vollen Touren, doch der VEB Waggonbau Ammendorf konnte den Bedarf bei weitem nicht decken. Die Fertigungstechnologie bestand ja überwiegend in Handarbeit, so dass Stückzahlen wie in einer Großserienproduktion gar nicht erreichbar waren.
Herrn Keitel als Produktionsdirektor vom VEB Ammendorf ist es durch sein besonderes Engagement für die Segelbrettproduktion zu verdan-

ken, dass die Produktion überhaupt vorwärts ging. Materialprobleme und unerwartete Fertigungsschwierigkeiten erschwerten und verzögerten die Herstellung der Surfbretter.
Die Nachfrage nach Windsurfbrettern stieg immer schneller an, so dass sich die Kaufinteressenten in Wartelisten eintragen mussten und Wartezeiten von deutlich über einem Jahr hinnehmen mussten.

Die „Bau- und Vermessungsvorschriften für das Einheitssegelbrett Typ Delta"

Nachdem Ende 1976 durch den BDS beschlossen wurde, eine „Segelbrett Einheitsklasse Delta" für den Regattasport zu schaffen, wurden 1977/78 nun die Bau - und Vermessungsvorschriften erarbeitet und erstellt. Erst durch diese Vorschriften wurde es möglich, eine Meisterschaft mit einem einheitlichen Sportgerät durchzuführen. Bei den Segelbooten ist es ebenso, sie sind in verschiedene Bootsklassen eingeteilt, die ebenfalls bestimmten Bau - und Vermessungsvorschriften unterliegen. Nur eine einheitliche Bootsklasse schafft Chancengleichheit und gleiche Wettkampfbedingungen für die Teilnehmer.
Die Basis für die Bau - und Vermessungsvorschrift für ein Segelbrett in der DDR war das in Ammendorf produzierte „Delta 2". Das eigentliche Brett mit Schwert und Flosse sowie das komplette Rigg mit Segel, Mast und Gabelbaum wurden vermessen und anschließend zeichnerisch dokumentiert. Für die wichtigsten Teile des kompletten Segelbretts wurden Masstoleranzen festgelegt, damit Fertigungsunterschiede unberücksichtigt bleiben können und ein Eigenbau realisierbar ist.
Der erste Satz der Allgemeinen Vorschriften der Vermessungsvorschrift lautete: „Segelbretter vom Typ Delta sind Schwimmkörper mit horizontal klappbarem Rigg, welches beim Segeln durch Muskelkraft des Seglers aufrecht in Segelstellung gehalten und zur Steuerung des Segelbretts benutzt wird". Dieser Satz liest sich heute etwas steif und hölzern, aber so lautete die kurz Definition des Brettsegelns in der DDR.
Die Bauweise der einzelnen Segelbrettbestandteile war überwiegend freigestellt. Das Segel musste vorerst aus einem gewebten, textilen Werkstoff hergestellt sein. Ab 1986 waren für die Segelherstellung auch

sogenannte Verbundfolien gestattet.
Die Boardbauweise war freigestellt. Das Board musste aber im Leckfall einen Restauftrieb von mindestens 100 kp aufweisen.
Der sogenannte Schwimmkörper wurde in seiner Geometrie an fünf Kontrollspanten mit Schablonen auf Umschlag vermessen. Zur Kontrolle des Unterwasserschiffs in Längsrichtung wurde ein Messschwert eingesteckt. An derem untersten Punkt befand sich eine Bohrung zur Befestigung einer Messschnur, die über Spitze und Heck gespannt wurde. An den festgelegten Kontrollspanten wurden nun die Radien zur gespannten Schnur gemessen, die innerhalb der Toleranzen liegen mussten.
Die Hauptabmessungen des „Delta"- Boards waren: Länge: 3650 mm, Breite: 650 mm, Dicke: 125 mm, Breite des Spiegels: 390 mm. Das Mindestgewicht betrug 19 kg, welches aber in der Serienproduktion so gut wie nie erreicht wurde. Für das Board gab es noch weitere Vorschriften, die aber hier nicht erläutert werden müssen.
Schwert und Flosse waren in der Bauweise ebenfalls freigestellt und deren Serienausfertigung wurde im Prinzip als vermessungskonform akzeptiert.
Der Mast wurde nur in der Länge von Deckoberkante auf 4700 mm limitiert. An der Oberkante des Mastes war ein kleiner max. 75 mm breiter und 100 mm langer Aussteller zulässig. Dicke und Bauweise des Mastes waren freigestellt, er musste lediglich einen runden Querschnitt haben.
Auch der Gabelbaum war in seiner Bauweise frei wählbar. Seine Außengesamtlänge durfte 2750 mm nicht überschreiten, und die Innenbreite betrug max. 550 mm. Er musste unsinkbar sein und an der Vorderkante ein elastisches Pufferprofil aufweisen.
Das Segel wurde mit maximalen Vorliek,- Achterliek - und Unterliekmaßen limitiert, jedoch durften die Segel auch kleiner sein. Die Ausführung der Masttasche war vorgegeben, ebenso drei Segellatten in Länge und Anordnung. Die Anzahl der Sichtfenster war freigestellt und das Klassenzeichen „Delta" musste im Winkel von ca. 65 Grad zur Masttasche und im oberen Drittel des Segels angebracht sein.
Die Mindesthöhe des „Delta" Zeichens betrug 250 mm und die Strichstärke mindestens 40 mm. Die Segelnummer sollte zwischen dem Delta Zeichen und über dem Gabelbaum und in der Höhe versetzt angebracht sein. Das Segel musste, wie es auch heute noch bei allen Surfsegeln üblich ist, an der Vorliek eine Tasche aufweisen, in die der Mast einge-

schoben wird.
Auf dem hinteren Teil des Schwimmkörpers wurde auf dem Deck die Registriernummer mit mindestens 50 mm Höhe und von der Steuerbordseite lesbar vorgeschrieben.
Diese teilweise Auflistung der Vermessungsvorschriften zeigt schon, wie kompliziert und streng die Vorgaben für das Einheitssurfbrett „Delta" waren. Um für alle Regattateilnehmer eine Chancengleichheit zu gewährleisten, waren diese Richtlinien aber notwendig, denn es sollte ja der Beste gewinnen und nicht derjenige, der das teuerste und das beste Material hat. Dennoch ergaben sich in der Ausnutzung der Toleranzen und einiger Material - und Maßfreistellungen gewisse Unterschiede in der Wertigkeit von einzelnen „Delta" Segelbrettern.
Nach Anfertigung von mehreren Kontrollschablonensätzen für die einzelnen DDR- Bezirke trat dann die Bau - und Vermessungsvorschrift „Segelbrett Delta" am 1.04.1978, ca. 4 Monate vor der 1. DDR Meisterschaft im Brettsegeln, in Kraft. Von nun an mussten alle Regattasurfer ihr Surfbrett „Delta" vermessen lassen.
Wurden alle Vorschriften und Maße eingehalten, wurden das Board und das Segel von einem zugelassenen Vermesser des BDS abgestempelt. Gleichzeitig wurde ein „Messbrief für Segelbrett Delta" ausgestellt und in das „Yachtregister Jugend" des BDS eingetragen. In diesen Messbrief wurden alle Ist-Maße von Brett, Segel, Mast, Gabelbaum und Schwert eingetragen. Der Brief hatte eine Gültigkeit von 5 Jahren und konnte vor Ablauf erneut für 5 Jahre verlängert werden.

DDR Meisterschaften im Brettsegeln ab 1978

Anfang August 1978 hatte der BDS der DDR das 1. Verbandstreffen an der Müritz organisiert. Bisher hatten die olympischen Bootsklassen der DDR ihre eigenen Meisterschaften auf der Ostsee ausgetragen. Die Olympiasegler waren Leistungssportler im typischen DDR - Stil und trainierten völlig separat, meistens auf der Ostsee. Mit den nationalen Segelbootsklassen, wie z.B. „Pirat", „O– Jolle", „Ixylon" usw. gab es so gut wie keine Gemeinsamkeiten oder Verbindungen. Der BDS wollte diese Kluft der sogenannten Zweiklassengesellschaft der Segler verringern

und organisierte erstmalig eine DDR - Meisterschaft für alle Bootsklassen gemeinsam auf der Müritz in Mecklenburg.
Als neue nationale Bootsklasse kam 1978 zu dieser Meisterschaft die gerade geschaffene Einheitsklasse „Segelbrett Delta“ dazu. Rund um die Müritz verteilten sich die Standorte der einzelnen Bootsklassen und deren Regattakurse. Wir Brettsegler waren auf dem Campingplatz „Ecktannen“, an dem sogenannten Hals zwischen Binnen – und Außenmüritz untergebracht.
Vor der Teilnahme an der Meisterschaft mussten sich die Teilnehmer in den einzelnen DDR - Bezirken qualifizieren, wobei es jetzt zwei getrennte Klassen gab, nämlich „Delta - Männer“ und „Delta - Frauen“, die auch getrennt starteten.
Die Meisterschaften liefen über eine Woche mit insgesamt 8 Läufen, von denen jeder Teilnehmer die zwei schlechtesten Ergebnisse streichen konnte. Vor den Meisterschaftswettkämpfen wurde das komplette Segelbrett jedes Teilnehmers erneut vermessen. Es sollte damit sichergestellt werden, dass durch zwischenzeitliche Veränderungen am Sportgerät keine unerlaubten Abweichungen zur Vermessungsvorschrift vor Beginn der Meisterschaft existieren.
Vor den Wettkämpfen herrschte unter uns Surfern wie immer eine Super - Stimmung und dennoch war es jetzt etwas anders. Die erste DDR - Meisterschaft, dass war schon was Besonderes!
Es war unter allen Teilnehmern eine gewisse Spannung und Nervosität, alle prüften nochmals ihr Material und schliffen das Unterwasserschiff ihres Boards mit feinstem Nassschleifpapier. Alle Teilnehmer hatten sich in den einzelnen DDR - Landesbezirken qualifiziert, so dass hier zur DDR - Meisterschaft sozusagen die besten Brettsegler der DDR antraten. Die Wettfahrtregeln des Segelsports galten auch für uns Windsurfer. Sie sind sehr umfassend und kompliziert und jeder Teilnehmer wusste, dass ein Regelverstoß sofort zu einem Protest und somit zur Disqualifikation der entsprechenden Wettfahrt führen kann.
Der Regattakurs der Brettsegler war ebenfalls, wie bei den Segelbooten, der olympische Dreieckskurs. Es wurde eine Startlinie mit einer Boje und dem Startschiff im rechten Winkel zur Windrichtung ausgelegt. Nach bestimmten Zeitsignalen durch Flaggen und Signalhorn lief die Zeit vor dem Start als Countdown ab. Kurz vor dem Start durfte kein Teilnehmer

über der Startlinie sein, wenn doch, musste er die Startlinie aussen umfahren und erneut starten.
Nach dem Startsignal kreuzte das Teilnehmerfeld im Zick - Zack - Kurs, also im schrägen Winkel gegen den Wind. Das war und ist die große Kunst des Segelns, nämlich das beste Verhältnis von Geschwindigkeit und Winkel gegen den Wind zu finden. Dabei ist ganz entscheidend, welche Seite des Kurses die bessere mit mehr Wind ist und wo die günstigeren Winddrehungen und Strömungen sind. Nach dem Start führte diese sogenannte „Startkreuz“ zur ca. 800 Meter gegen den Wind entfernt liegenden Luvtonne. Diese wurde in vorgegebener Richtung umrundet und es folgten zwei gleichgroße, sogenannte Raumschenkel, bei denen der Wind jetzt von schräg hinten kam. Zwischen diesen Schenkeln lag die Raumtonne, die ebenfalls außen gerundet wurde. Auf diesen Schenkeln erreichten die Boote und die Surfbretter ihre höchste Geschwindigkeit.
Bei hoher Gleitgeschwindigkeit durch starken Wind hatten wir mit dem „Delta“ Brett immer große Probleme. Durch die schnellere Wasseranströmung am Schwert wurde ein Auftrieb erzeugt, der das Brett in voller Fahrt einfach kentern ließ. Wir fürchteten alle diesen sogenannten Kentersturz wie der Teufel das Weihwasser. Besonders geübte Surfer zogen deshalb das Schwert auf Raumkursen aus dem Schwertkasten und hängten es sich über den Arm, was aber bei hoher Geschwindigkeit eine heikle Übung war.
Die dritte Tonne des Regatta - Dreieckkurses war dann die Leetonne, die in der Nähe der Startlinie lag. Nach Umrundung der Leetonne folgte die zweite Kreuzstrecke gegen den Wind und nach der erneuten Umrundung der Luvtonne ging es auf den sogenannten Vorwindkurs, bei dem der Wind jetzt direkt von hinten kam.
Die Fahrt ging nun auf direktem Weg zur Leetonne, die nochmals umrundet wurde. Nun folgte als letztes die dritte Kreuzstrecke, die sogenannte „Zielkreuz“.
Mit der Durchfahrt der Ziellinie, die in der Nähe der Luvtonne lag, war dann die Regatta beendet. Für den Erfolg bei einer Segelregatta spielte auch die Taktik eine wesentliche Rolle. Wie kann ich meine Gegner kontrollieren? Wie und wo habe ich freien Wind ohne Abdeckung durch meine Mitstreiter? Bei leichten bis mittleren Winden konnte eine solche Wettfahrt bis zu 2 Stunden dauern. Für uns Regattasurfer war das eine

enorme Anstrengung und oft waren wir nach den Wettfahrten völlig erschöpft.
In den ersten Jahren fuhren wir die Regatten ausschließlich „aus dem Arm“, wie wir Windsurfer sagen. Hilfsmittel, wie Trapeze, gab es am Anfang noch gar nicht und waren erst Anfang der achtziger Jahre gestattet. Heute ist Windsurfen ohne Sitz- oder Hüfttrapeze völlig undenkbar. Trapeze sind spezielle Gurte, integriert in eine kurze Hose oder Weste und mit einem besonderem Haken vor dem Körper. Durch das Einhaken in eine am Gabelbaum befestigte Leine wird die notwendige Haltekraft für das Segel durch das eigene Körpergewicht fast vollständig kompensiert. Das Windsurfen entwickelte sich schon in den siebziger Jahren zur klassischen Trendsportart. Es waren bunte T-Shirts mit Windsurfmotiven aller Art und Größe angesagt, die wir auch in der DDR trugen. Das erste Verbandstreffen der Segler durch den BDS war auch ein gewisses Medienereignis und wurde dementsprechend überall angekündigt. Es wurde aber befürchtet, dass die gerade hinzugekommenen Brettsegler besonders mit ihrem westlichen Outfit und ihren knalligen T-Shirts zu den offiziellen Veranstaltungen negativ auffallen.
Um genau das Gegenteil zu erreichen, hatte unser Berliner Surfvater Gerd Friemel eine Idee. Offiziell organisierte er einheitliche Radfahrertrikots und ließ sie mit einem kleinen „Delta“ - Logo und Schriftzug auf der Brust bedrucken. Diese kurzärmligen, seidigen Shirts sahen richtig chic aus und für einen kleinen Obolus erhielten wir Aktiven türkisfarbene und unsere Angehörigen rote Shirts. Die beiden DDR - Meister erhielten ein weißes Shirt, mit schwarzrotgoldenem Brustring und darauf das zwingende Hammer - und Zirkel - Logo der DDR.
Zur Eröffnungs- und zur Abschlussveranstaltung trugen alle Brettsegler als einzige Vertreter einer Bootsklasse elegante, schicke Einheitsshirts und waren damit besonders positiv aufgefallen.
Die Startberechtigung bzw. die Qualifikation zur DDR - Meisterschaft im Brettsegeln war anfangs sehr kompliziert und umstritten. Es existierte eine Rangliste mit den Regattaergebnissen des laufenden Jahres, die vorerst die Basis zur Meisterschaftsteilnahme bildete. Da es aber Bezirke mit besonders vielen aktiven Brettseglern und Bezirke mit wenigen gab, war die Leistungsdichte sehr unterschiedlich. Damit Brettsegler aus allen Bezirken der DDR teilnehmen konnten,wurden Kontingente verteilt.

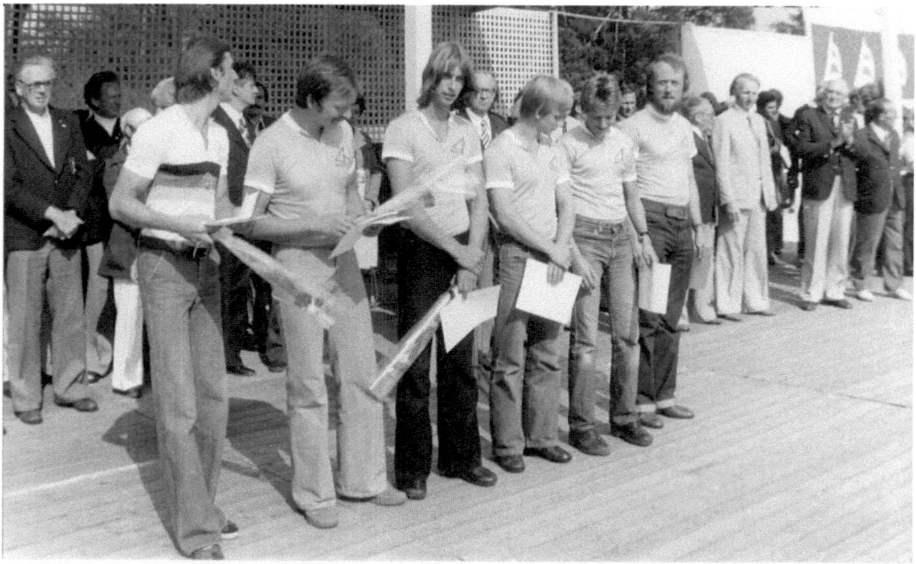

Bild 27 Siegerehrung Männer: 1. DDR- Meistersch. 1978 auf der Müritz, v.L: Heyden, Schäfer, Schulz, Keitel, Lehmbäcker, Reschwamm

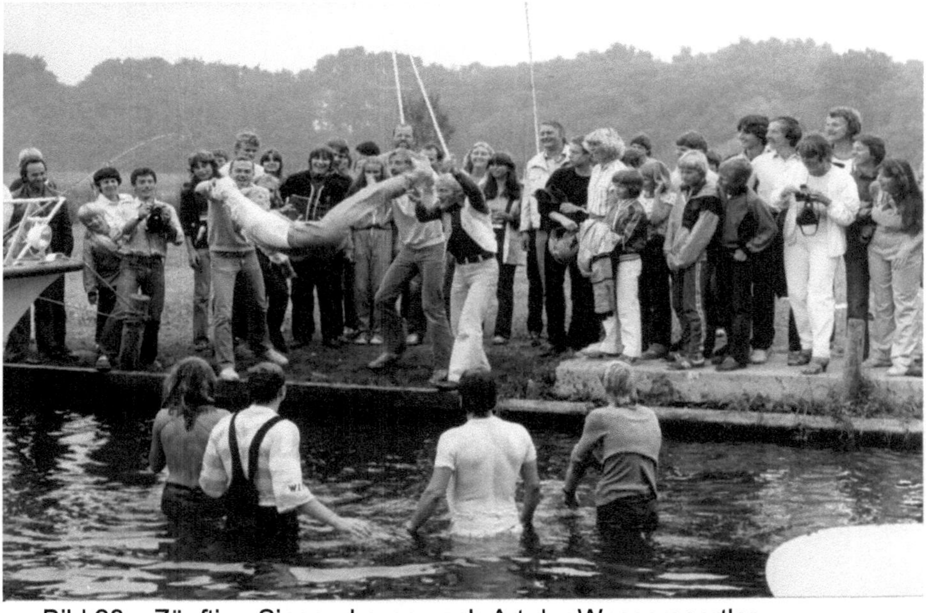

Bild 28 Zünftige Siegerehrung nach Art der Wassersportler

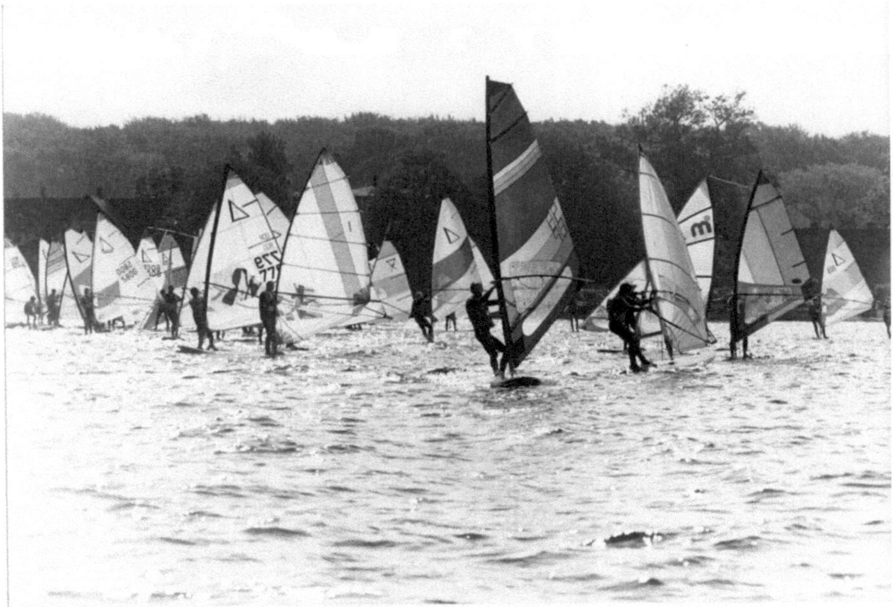

Bild 29 Regattasurfer auf der Suche nach der besten Startposition

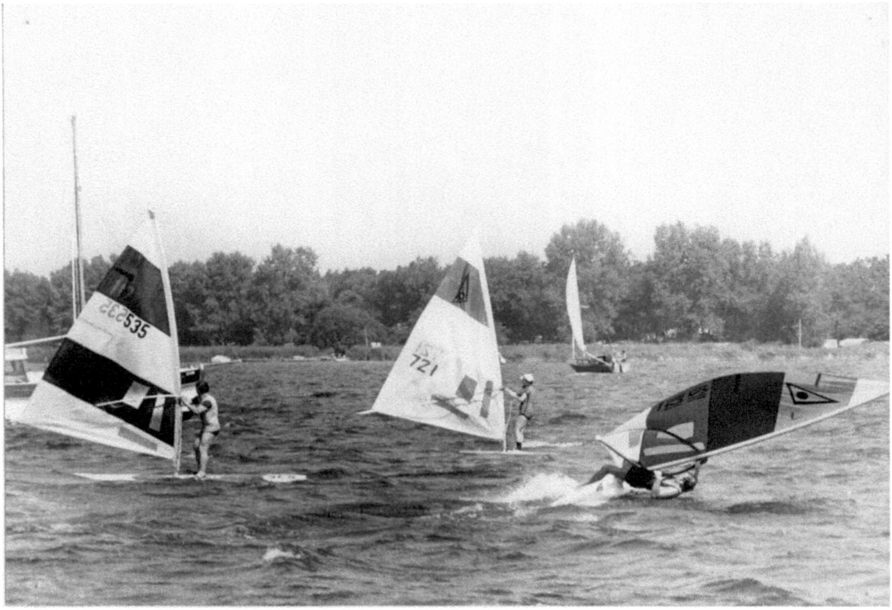

Bild 30 Windaussetzer für D. Durinke mit anschließendem Bad

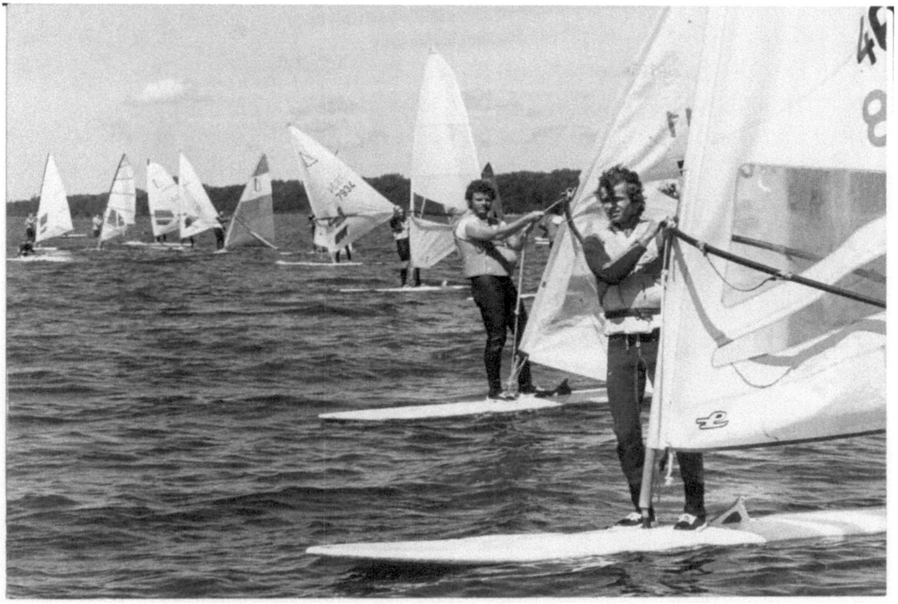

Bild 31 Konzentration vor dem Regattastart

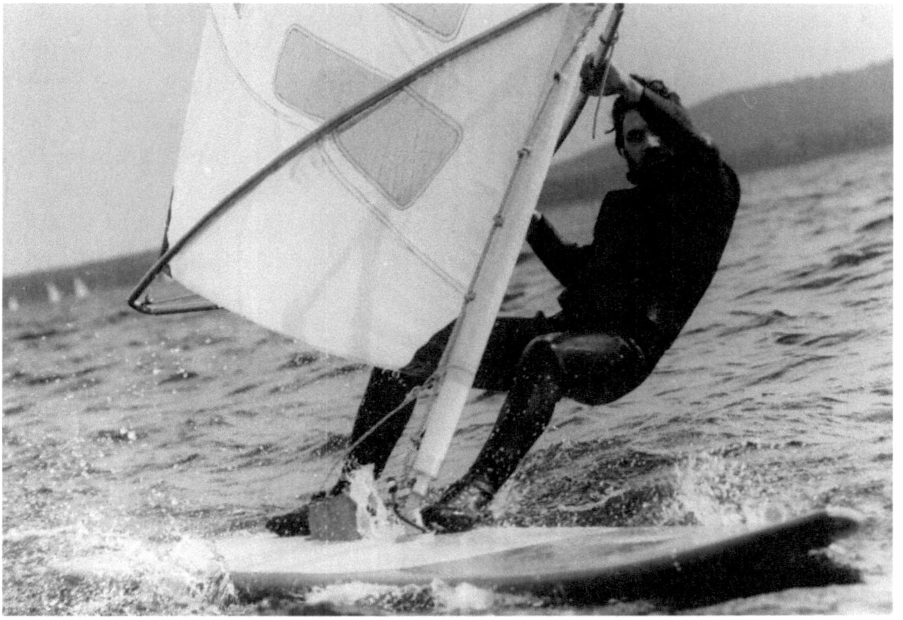

Bild 32 Reiner Schmidt pflügt den Berliner Müggelsee

Jeder Bezirk durfte mindestens einen Teilnehmer deligieren, egal ob durch Nominierung oder durch Qualifikation.
Der Vorjahresmeister war automatisch als Titelverteidiger gesetzt und die weiteren Teilnehmer wurden von den einzelnen Bezirksklassen - Obleuten der Brettsegler in einer gemeinsamen Sitzung durch einzelne Vorschläge festgelegt. Das gesamte Starterfeld wurde auf ca. 30 Teilnehmer festgelegt.
Zur optischen Unterscheidung führten wir Männer das normale „Delta"-Logo im Segel und die Frauen zusätzlich einen Ring im „Delta" - Zeichen. Schon bei den ersten Läufen zu dieser allerersten Meisterschaft der Brettsegler zeigte sich, dass knallhart um Positionen und Platzierungen gekämpft wurde. Vorbei waren nun Nachsichtigkeit und Großzügigkeit der Surfer untereinander während der Wettfahrten, vorbei die Toleranz für Fehler, die ein Surfer aus gewisser Unkenntnis der komplizierten Wettfahrtregeln beging.
Beim Segeln werden und wurden häufig einzelne Wettfahrtergebnisse erst durch endlos lange, nachträgliche Protestverhandlungen korrigiert und festgelegt. Das ist im Segelsport ein ganz natürlicher Vorgang, der zu diesem Sport schon immer gehörte. Dabei kann jeder gegen jeden protestieren, wenn er glaubt, der andere habe einen Regelverstoß während der Regatta begangen oder das Sportgerät des anderen sei nicht den Regeln entsprechend.
Ebenso kann auch die Wettfahrtleitung gegen Regattateilnehmer wegen eines Regelverstoßes protestieren. Entscheidend ist immer die nachträgliche Beweisführung und das ist dann wie im richtigen Leben vor einem Gericht. Hast du Zeugen oder sehr gute Argumente, dann bist du fast schon der Gewinner. Das gilt dann für beide Seiten, egal ob Anklage oder Verteidigung.
Eine der Wettfahrtregeln lautet, dass „Pumpen" während der Wettfahrt verboten ist. Pumpen ist das rhythmische Heranziehen und Wegstoßen des Segels, um bei leichtem Wind einen zusätzlichen Vortrieb zu erzielen. So kann ein Windsurfer mit diesen Bewegungen richtig Wind erschaufeln und damit das Surfbrett selbst bei totaler Flaute langsam vorwärtsbewegen. Diese Verbotsregel gilt auch bei Segelbooten. Durch rhythmisches Schaukeln mit dem ganzen Boot kann gepumpt und damit Vortrieb erzeugt werden.

In einer der ersten Wettfahrten hatte ein Surfer gegen mehrere Teilnehmer gleichzeitig protestiert. Sie alle hätten bei dem schwachen Wind unerlaubt gepumpt! Von diesem Protest war ich ebenfalls betroffen und nach der Regatta folgten nun endlose Protestverhandlungen bis in die Nacht. Ich hatte zur Abwehr dieses Protestes gute Argumente und so konnte ich den Protest gegen mich erfolgreich abwehren.
Ein Schiedsrichtermotorboot war während der Regatta sehr nah an mir vorbeigefahren. Seine Wellen brachten mich ins Schaukeln, wobei ich auch das Segel zwangsläufig hin und her bewegen musste. In der Protestverhandlung mussten die Schiedsrichter den Vorgang bestätigen und somit war ich entlastet. Das war großes Glück für mich, denn dieser Lauf war für mich von der Platzierung einer meiner Besten.
Bei einer Disqualifikation wegen Pumpens hätte ich diesen Lauf streichen müssen und dann wäre ich sicher nicht Vizemeister bei dieser 1. DDR Meisterschaft geworden. Bis auf wenige Ausnahmen führte dieser Protest gegen die anderen Betroffenen zu ihrer Disqualifikation.
Ich muss eingestehen, dass ich bei Leichtwindregatten schon immer etwas übereifrig am Segel „zuppelte“ und dafür bin ich auch bei der einen oder anderen Wettfahrt disqualifiziert worden. Die Zeiten haben sich inzwischen geändert, denn heutzutage ist das sogenannte Pumpen bei Windsurfregatten offiziell gestattet. Mit einem gewissen Augenzwinkern kann ich heute sagen, dass ich damals der Zeit schon etwas voraus war!
Insgesamt verlief die 1.Meisterschaft im Brettsegeln mit fairen Wettkämpfen und in einem kameradschaftlichem Miteinander. Nach einer Woche bei überwiegend leichten Winden wurde bei den Damen Gabi Heyden aus Berlin erste DDR – Meisterin und bei den Herren wurde ihr Bruder Günter Heyden DDR - Meister 1978.
Von nun an wurden die DDR - Meisterschaften im Brettsegeln jährlich bis 1990 ausgetragen. Hauptaustragungsort blieb die Müritz in Mecklenburg mit insgesamt fünf Meisterschaften. Ferner wurden in der Wismar Bucht bei Wismar, auf dem Scharmützelsee bei Bad Saarow - Strand, sowie auf dem Saaler Bodden bei Wustrow Meisterschaften im Brettsegeln durchgeführt. Auf dem Schweriner See bei Retgendorf, dem Senftenberger See bei Großkoschen und dem Greifswalder Bodden wurden ebenfalls diese Meisterschaften ausgerichtet.

Im Sommer 1990, also noch vor der Wiedervereinigung, wurde die letzte DDR Meisterschaft im Brettsegeln ausgetragen. Die Ironie des Schiksals war, dass diese letzte DDR - Meisterschaft im Brettsegeln zum ersten Mal auf der offenen Ostsee vor Rerik ausgetragen wurde.
Mit insgesamt je vier DDR - Meistertiteln im Brettsegeln wurden bei den Damen Sibylle Längert aus Berlin und bei den Herren Rainer Hermes aus Rostock die erfolgreichsten Brettsegler der DDR.
Wie schon oft in den Medien berichtet, zählt auch der bekannte Schauspieler Henri Hübchen mit zwei Meistertiteln zu den erfolgreichsten Brettseglern der DDR.
1979 wurde eine wesentliche Veränderung im Reglement getroffen. Bei leichtem Wind fuhren die „Speichen“ , wie wir immer scherzhaft sagten, also die leichtgewichtigen Männer, den schwereren auf und davon. Zur besseren Chancengleichheit wurde daraufhin ab 1979 bei den Männern das Teilnehmerfeld in zwei Körpergewichtsklassen eingeteilt. Männer - Leicht bis 75 kg Körpergewicht und Männer - Schwer über 75 kg Körpergewicht. Als Klassenzeichen führten die Männer- Schwer fortan im „Delta“ - Logo einen dicken schwarzen Punkt.
Für mich persönlich war diese Gewichtsentscheidung sehr günstig, da mein durchschnittliches Gewicht nur knapp über 75 kg lag. Als einer der leichtesten unter den schweren hatte ich bei Leichtwind natürlich Vorteile.
So, wie einige Boxer in Ihrer Gewichtsklasse manchmal ihr Gewicht „abkochen“ müssen, musste ich gelegentlich das Gegenteil davon tun. Vor der vorgeschriebenen Gewichtskontrolle vor einer Regatta habe ich manchmal ein wenig „aufgetankt“ und 1 Liter Wasser getrunken und auch kräftig gegessen, damit ich auch sicher in der Klasse über 75 kg bleibe.
Dem Interesse des schnell zunehmenden Nachwuchses wurde ebenfalls Rechnung getragen, indem ab 1980 zwei Jugendklassen für das Segelbrett „Delta“ geschaffen wurden, die dann die DDR - Meistertitel in der männlichen und weiblichen Jugend austrugen. Als Klassenzeichen wurde für die Jugend unter dem jeweiligen „Delta“ - Logo Männer/Frauen ein waagerechter Strichbalken geführt.
Mit geringen Ausnahmen gab es für das Surfbrett „Delta“ bis zur Wendezeit kaum wesentliche technische Verbesserungen. Eine der Verbesserungen war die von „Cuno“ Reschwamm eingeführte Aussparung im

Schwert. Auf schnellen Raumkursen konnte das Schwert nun um fast die Hälfte seiner Fläche eingeklappt werden, was die Kentersturzgefahr erheblich verringerte. Diese Veränderung wurde dann auch in die Segelbrettproduktion von Ammendorf integriert.

Das Windsurfbrett „Delta 3“ Spitzname: „Banane“

Wer diesen Namen erfunden hat, ist heute nicht mehr genau bekannt. Dieses weiter entwickelte „Delta“ - Brett unterschied sich schon optisch recht deutlich von dem Einheitsbrett „Delta 2“ und entsprach dennoch den Vermessungsvorschriften der Einheitsklasse „Delta“.
Wegen seiner gleichmäßigen Aufwölbung im vorderen Teil des Boards wurde ihm dieser Spitzname verliehen, den es auch immer behielt.
Unser Berliner Surfvater Gerd Friemel hat dieses Brett entwickelt und das Ur - Brett der „Banane“ selbst gebaut.
Wir Windsurfer waren einerseits froh, dass es seit 1978 das industriell gefertigte Windsurfbrett „Delta 2“ gab, aber andererseits mit den Fahreigenschaften nicht gerade glücklich. Hinzu kam, dass die Entwicklung der Windsurfbretter im Westen rasant vorwärts ging, was uns nicht verborgen blieb. Die westlichen Surfbretter wurden mit immer moderneren Technologien und Materialien gefertigt. Allein schon das durchschnittliche Boardgewicht des „Delta“ - Bretts von ca. 23 kg war ein erheblicher Nachteil. Bei internationalen Wettkämpfen hatten wir mit dem „Delta“-Brett nur sehr geringe Chancen auf vordere Platzierungen.
An der Entwicklung eines moderneren Surfbretts hatte der BDS kein Interesse, zumal die Einheitsklasse „Segelbrett Delta“ mit all seinen Vorschriften erst seit kurzer Zeit bestand und eine modernere Fertigungstechnologie nicht in Sicht war.
Im Frühjahr 1981 machte sich Gerd Friemel daran und analysierte die Vermessungsvorschriften für das Delta Brett sehr akribisch und erkannte, dass einige Maßtoleranzen recht großzügig waren. Von einem Vermesser des BDS lieh er sich den kompletten Satz der Kontrollschablonen für das „Delta“ - Brett. Er erkannte auch, dass sich eine etwas stärkere Kielung im Unterwasserschiff des Boards erreichen lässt, indem die Schablonen der Kontrollspanten etwas angekantet werden.
Nun machte sich Gerd daran und schnitzte, bzw „shapte“, wie es in der

Fachsprache heisst, ein neues „Delta" - Brett. Sein Ziel war zunächst, nur für sich ein leichteres und etwas schnelleres Surfbrett zu bauen, welches den Vermessungsvorschriften entspricht.
Ausgangsmaterial war der leichte Styroporschaum, den sich Gerd in einem entsprechenden Block beschaffte. Während des Shapens kontrollierte er immer wieder die Einhaltung der Vermessungsvorschriften. Abschließend wurde das Brett mit mehreren Lagen Glasgewebe und Epoxydharz fertiglaminiert, gespachtelt, geschliffen und mit zwei Komponentenlack lackiert.
Gerd Friemel schaffte diesen schwierigen Spagat, einerseits ein wesentlich besseres „Delta" - Brett und andererseits auch ein vermessungskonformes „Delta" - Brett zu schaffen. Das Ergebnis war schon verblüffend und das Beste war das Gewicht.
Nach Fertigstellung wog es 16 kg und damit lag es 3 kg unter dem vorgeschriebenen Minimalgewicht von 19 kg. Links und rechts vom Schwertkasten laminierte Gerd zwei Gewichte ein und erreichte somit gerade die geforderten 19 kg. Daraus ergab sich ein zusätzlicher Vorteil, denn der Massendrehpunkt lag jetzt konzentriert im Mittelpunkt des Boards, was zu besseren Fahreigenschaften in den Wellen führte.
Anfang April 1981 ließ Gerd Friemel das Brett vor dem Regattaeinsatz vermessen. Von einem Vermesser des BDS wurde es genau geprüft und da es den Vorschriften entsprach, erhielt es den amtlichen Vermessungsstempel.
Mit dem neuen Brett fuhr Gerd bei einer Regatta auf Anhieb in der Spitzengruppe des Teilnehmerfeldes und es kam wie es ja kommen musste. Nach der Regatta hatte er sofort einen Vermessungsprotest am Hals. Trotz des Stempels auf dem Board wurde die Einhaltung der Vermessungsvorschriften angezweifelt. Da dieses Brett völlig anders als das Einheitsbrett „Delta" aussah, waren ja gewisse Zweifel verständlich.
Das Erstaunen war groß, als sich durch eine Kontrolle bestätigte, dass das Brett den Vorschriften entspricht. Der Protest musste deshalb natürlich abgewiesen werden. Was aber jetzt kam, konnte Gerd nicht ahnen; nun wollte fast jeder Regattasurfer so ein Board haben. Gerd wurde nun förmlich von allen bekniet, von diesem Board eine Form abzunehmen, damit dann mehrere Nachbauten von diesem neuen „Delta" - Brett angefertigt werden können.

Die Firma Wax, ein Fachbetrieb für GFK - Produkte, nahm die Form von Gerds Board ab und wollte das „Delta – Banane" - Board in Kleinserie fertigen. Bei der Absicht blieb es aber leider, denn von dieser Firma wurde nie ein Surfbrett gefertigt.
Wenigstens die Form war fertig und Gerd bot an, dass eine kleine Gruppe von Berliner Surfern in seiner Garage, jeder für sich, ein Board in dieser Form anfertigen kann. Nun wurde das notwendige Material beschafft und in einer Gemeinschaftsarbeit entstanden einige „Delta - Banane" - Boards.
In der zweiteiligen Form wurden immer Ober- und Unterteil einzeln laminiert und von Hand ausgeschäumt und dann darauf plangeschliffen. Dann wurden beide Hälften miteinander verklebt und anschließend entformt. Abschließend laminierten wir um das Board eine sogenannte Bauchbinde zur Abdichtung der Trennfuge. Zum Schluss haben wir nur noch die notwendigen Einbauteile, wie Mastbuchse und Finne, eingesetzt. Als Schwert wurde das originale Schwert von Ammendorf verwendet.
Nachdem wir sechs Berliner mit der „Delta 3 – Banane" zu den Regatten erschienen, wurde der Wunsch der anderen Regattasurfer nach diesem Board immer größer.
Winfried Rost, Ingenieur für Kunststofftechnologie und Bootsbaumeister, war ebenfalls einer unserer Surfer. Er hatte in Berlin - Köpenick einen Handwerksbetrieb zur Herstellung von GFK - Produkten, wie z.B. Karosserieteile für PKW, Spoiler und ähnlichen Produkten. Das Ur – „Banane" - Brett von Gerd Friemel wurde von W. Rost nochmals überarbeitet und dann abgeformt. Er stellte eine sehr stabile Form zur industriellen Serienfertigung mit Druckausschäumung her. Es gelang ihm auch, eine Druckschäummaschine für Zwei - Komponenten - Polyurethanschaum zu beschaffen.
Nun begann W. Rost mit der Serienfertigung des „Delta 3 - Banane" - Boards. Die Fertigungstechnologie war die gleiche, wie die von VEB Waggonbau Ammendorf, aber W. Rost schaffte es, das „Delta 3 - Banane" - Brett mit einem Gewicht von knapp über 19 kg zu produzieren.
Zur gleichen Zeit wie Gerd Friemel entwickelte auch Cuno Reschwamm, in Zusammenarbeit mit Wiegand Pfitzner aus Leipzig und noch zwei anderen Sportfreunden, ebenfalls ein neues „Delta 3 – Banane" Board. Ammendorf war jetzt auch daran interessiert, dieses modernere und

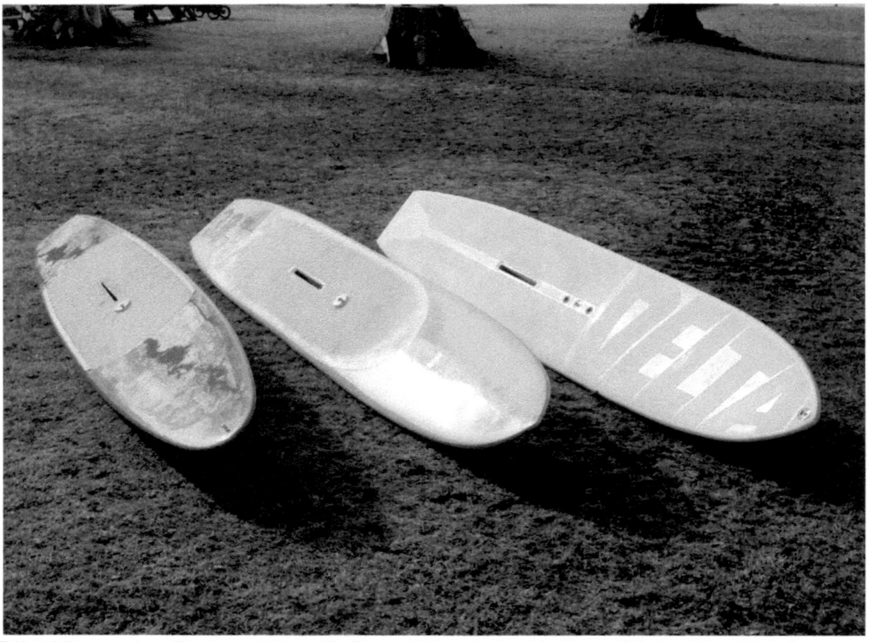

Bild 33 v.l. „Delta - 1“, „Delta - 2“, und „Delta – 3“ im Vergleich

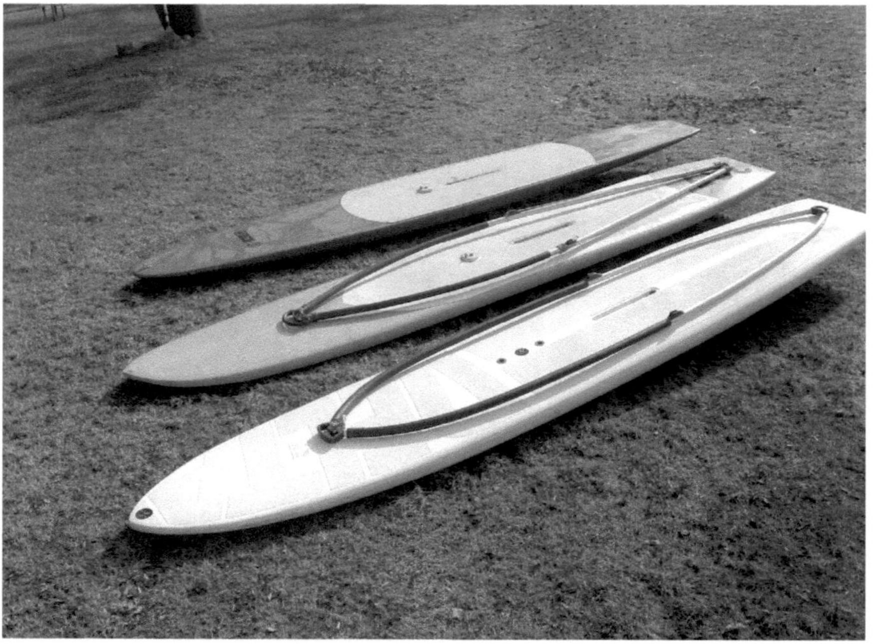

Bild 34 Die 3 „Delta – Boards“ mit verschiedenen DDR - Gabelbäumen

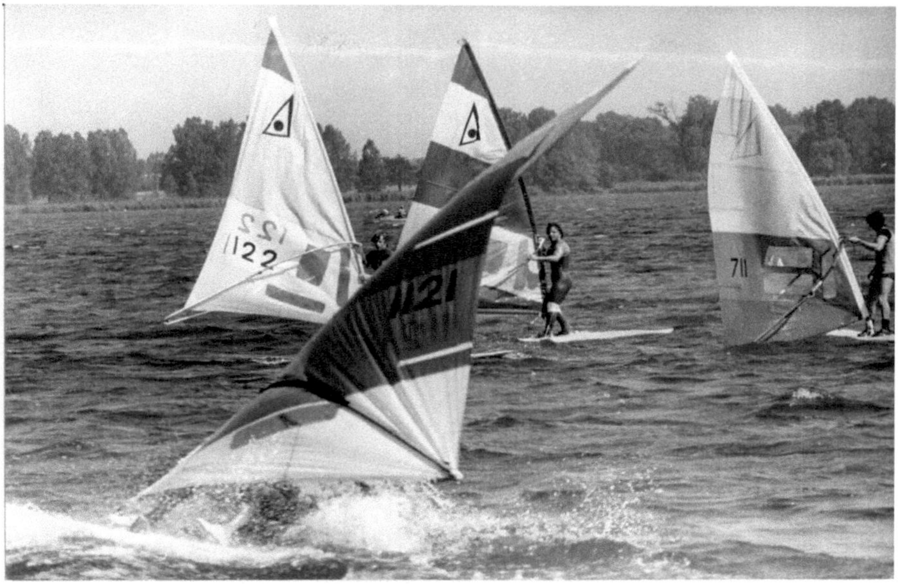

Bild 35 Dietrich Durinke fährt sich vor der Regatta ein

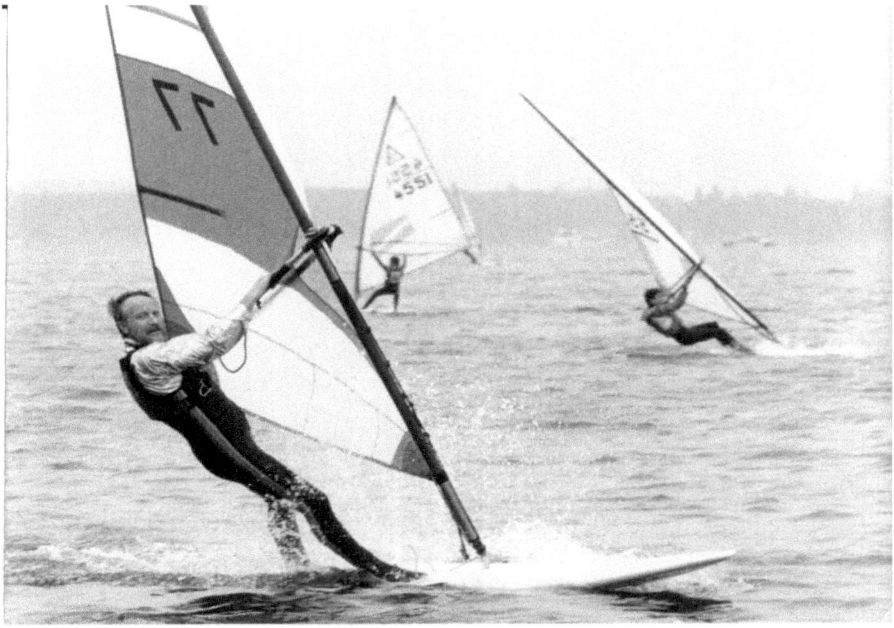

Bild 36 Harri Liedke aus Berlin im Regattaeinsatz

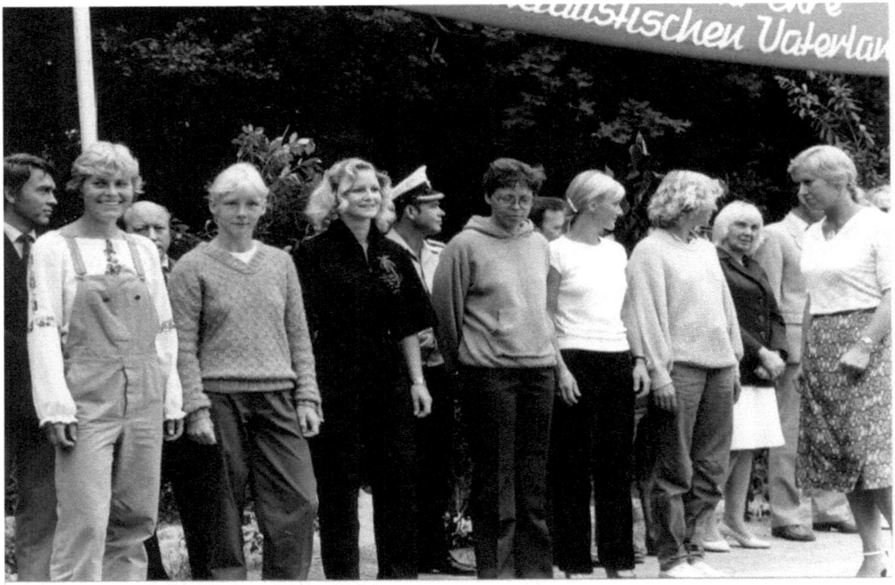

Bild 37 Unsere attraktiven Surf - Damen zur Siegerehrung 1981 in Klink
v.l: B.Dürr, P.Timmermann, S.Längert, S.Hermes, G.Pächer, G. Heyden

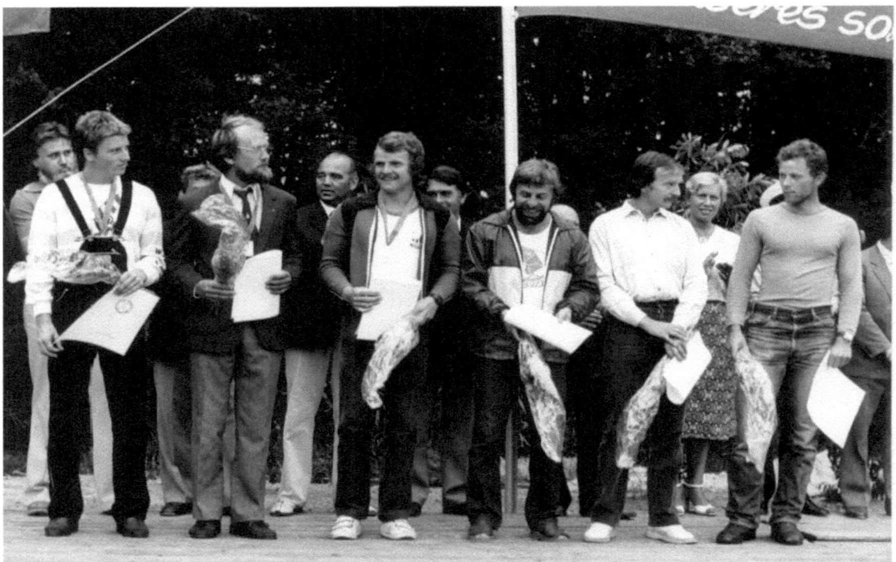

Bild 38 Siegerehrung „schwere Männer“ ebenfalls 1981 in Klink/ Müritz
v.l: M.Rietz, E.Reschwamm, J.Längert, A.Ernst, H.Schäfer, H.Junge

schnellere Board zu produzieren. Sie stellten diesem Entwicklungsteam den originalen, aus Holz gefertigten „Delta 2“ - Kern zum Umbau zur Verfügung. Auf den alten „Delta 2“ - Holzkern wurde Holz aufgeleimt und zum „Delta 3 – Banane“ - Kern umgebaut. Von diesem Kern wurde erst eine provisorische Form abgenommen und aus dieser wurde dann ein erneuter Kern gebaut, der nochmals überarbeitet wurde. Davon fertigte Ammendorf dann erst die endgültige Form für die Serienproduktion. Das Entwicklungsteam um Cuno Reschwam und Wiegand Pfitzner fertigte aus der provisorischen Form schon vorab für sich selbst einige „Delta 3“ - Boards.
Noch vor der DDR Meisterschaft 1981 ging dann das „Delta - 3“ Board von Ammendorf in die Serienproduktion. Zu dieser Meisterschaft trafen dann die Berliner und die Ammendorfer „Banane“ erstmals aufeinander. Diese beiden Boards waren optisch nur minimal unterschiedlich und letztlich entsprachen beide den Vermessungsvorschriften.
Es ist nicht überliefert, ob eines der beiden Boards schneller oder besser war, beide stellten aber einen positiven Schritt in der Surfbrettentwicklung der DDR dar.
Zwei Jahre später, also 1983, nahm ein weiterer großer VEB - Betrieb die Produktion von kompletten Windsurfbrettern auf. Da die Nachfrage nach Surfbrettern in der DDR - Bevölkerung weiterhin höher als das Angebot war, erkannte dieser Betrieb die Notwendigkeit der Fertigung von solchen Sportgeräten.
Der VEB Schichtpressstoffwerk Bernau, kurz SPW genannt, war im sozialistischen Lager einer der Hauptproduzenten von kupferkaschierten Leiterplatten für die Mikroelektronikindustrie. Dieser Betrieb war noch auf der Suche nach einem geeigneten Konsumgüterprodukt, was ja jeder VEB - Betrieb als staatliche Auflage neben seinem Hauptprodukt bekam. Da in diesem Betrieb die Verarbeitung von Kunststoffen und Harzen im Vordergrund standen, passte die Fertigung von Windsurfbrettern aus den ähnlichen Materialien sehr gut in die Produktlinie. Hierbei half aber, ähnlich wie damals bei Ammendorf, dass persönliche Engagement des Forschungsdirektors, Herrn Schmock. Gemeinsam mit seiner Ehefrau, die ebenfalls in der technischen Leitung dieses Betriebes tätig war, nahmen sie Kontakt zur damaligen „Surf – Szene“ auf. Da es damals in der DDR keine hauptberuflichen Surfbrett - Entwickler gab, waren die surfbrettproduzierenden VEB - Betriebe auf erfahrene und selbstbas-

telnde Windsurfer, wie z.B. Gerd Friemel oder Cuno Reschwamm, angewiesen. Das SPW Bernau ließ einen Formkern von Gerd Friemels „Delta 3 – Banane“ bauen, aus der sie dann die Form für die Serienproduktion herstellten. Als ein besonderes Design - Element wurde auf das Deck im vorderen Bereich des Boards in riesigen Lettern das Wort „D E L T A“ in die Form und damit auf das Board eingebracht.
In Kooperation ließ das SPW die anderen Teile, wie Segel,Gabelbaum, Finne, Mastbuchse und Schwert, fertigen. Masten hatte das SPW in der sogenannten Wickeltechnologie aus GFK selbst gefertigt. Auch das SPW hatte genau wie Ammendorf die gleichen Probleme mit dem Polyurethanschaum, der manchmal noch nach Wochen nachgaste und große Beulen auf dem Board entstehen ließ.
Das Windsurfbrett aus dem SPW Bernau entsprach ebenfalls den Vermessungsvorschriften des Einheitsbrett „Delta“, war aber leider auch nicht leichter als das Brett aus Ammendorf. Dennoch trug die Produktion von Surfbrettern des SPW Bernau dazu bei, die Wartezeit der Bevölkerung auf ein Surfbrett zu verkürzen.

Der Befähigungsnachweis „Brettsegeln“

Fast alle Windsurfer in der DDR mussten sich das Segeln mit diesem wackeligen Windsurfbrett selbst beibringen. Manchmal half dabei ein bereits erfahrener Surfer mit praktischen Ratschlägen. Trotz der guten Ratschläge endeten die ersten unsicheren Fahrversuche auf dem Wasser meistens unfreiwillig im Schilf oder hilflos abgetrieben auf dem See. Der völlig entkräftete Neuling war dann froh, wenn er von einem Boot gerettet und ans Ufer zurückgebracht wurde. Es gab ja vorerst keine Surfschulen, in denen das Windsurfen unter Anleitung eines Surflehrers erlernt werden konnte. Eine zumindest theoretische Anleitung und Hilfe war dann das 1978 erschienene Buch „Brettsegeln“ von Günter Heyden.
Nur unter großen Schwierigkeiten und erheblichen Behinderungen der staatlichen Behörden konnte dann am 8. Mai 1980 die erste Surfschule der DDR am Berliner Müggelsee, neben dem Strandbad Rahnsdorf, eröffnet werden.
Reiner Schmidt und Fredi Kuschke, die ebenfalls zu den ersten Windsurfern der DDR gehörten, konnten sich ihren Traum nun endlich erfüllen,

eine eigene Surfschule mit professioneller Lernausbildung und Brettverleih zu betreiben.
Ein großes Problem hatten die beiden mit der Beschaffung von einer ausreichenden Anzahl von Surfbrettern, die ja nur mit langen Wartezeiten im Handel verfügbar waren. Zum Teil bauten beide die ersten Schulbretter selbst oder griffen auf ausgediente Eigenbauten der Regattasurfer zurück, die für den Schulbetrieb immer noch bestens geeignet waren.
In den Folgejahren konnten dann auch in Potsdam, am Senftenberger See und in Schwerin weitere Surfschulen in der DDR eröffnet werden.
Der Schulbetrieb dieser wenigen Surfschulen konnte längst nicht die Ausbildung aller lernwilligen Windsurfer der DDR ermöglichen. So blieb weiterhin für die Mehrheit der Windsurfer nur die „Do it yourself“ - Methode zum Erlernen des Windsurfens.
Zwangsläufig entstanden nun erhebliche Probleme mit der Berufsschifffahrt. In den Ballungszentren, besonders in und um Berlin herum, häuften sich massive Beschwerden von Schiffskapitänen, die mit ihren riesigen Fahrgastschiffen und Schubverbänden von hilflos in der Fahrrinne treibenden Windsurfen stark behindert wurden.
Ein Ausweichmanöver dieser Schiffe war auf den relativ engen Gewässern fast unmöglich. Es kam auch zu einigen Unfällen der Berufsschifffahrt mit Windsurfern, die aber alle glimpflich und ohne schwerwiegende Verletzungen verliefen. Wegen der Zunahme der Behinderungen war nun die Wasserschutzpolizei alarmiert und es drohte ein totales Verbot des Windsurfsports, besonders auf Gewässern mit Berufsschifffahrt.
Der Bund Deutscher Segler BDS der DDR, in dem wir Windsurfer ja nun organisiert und integriert waren, wurde von den Wasserschutzorganen der DDR beauftragt, dieses Problem schnellstens zu lösen und Abhilfe zu schaffen. Andernfalls wird der Windsurfsport, ähnlich wie in Jahren zuvor der Wasserskisport, auf den meisten Gewässern verboten. Das Problem wurde vom BDS sehr ernst genommen, denn er hatte kein Interesse an dem Verbot dieser noch so jungen Segelsportart.
Die Zentrale Prüfungskommission des BDS, kurz ZPK genannt, war das übergeordnete Organ für das Prüfungswesen der Segler in der DDR. Sie erstellte gemeinsam mit den Vertretern der einzelnen Bezirke die Prüfungskriterien zur Erlangung von Befähigungsnachweisen für das Segeln. In der DDR gab es keine Bootsführerscheine, sondern sie nannten

sich Befähigungsnachweise und wurden in sogenannte Fahrtenbereiche gegliedert.
Es gab zwei Befähigungsnachweise, den für Binnen- und den für Seewasserstraßen. Binnen - galt, wie es der Name schon sagt, für alle Binnengewässer der DDR und Seewasserstraßen galt für die Boddengewässer an der Ostsee. Es gab auch noch einen Befähigungsnachweis „Küstenfahrt", der aber nur von überprüften und besonders „linientreuen" Bürgern der DDR genutzt werden konnte, da er zum Befahren der offenen, küstennahen Ostsee berechtigte.
Die ZPK unter der Leitung von Joachim Nolte, nahm im Sommer 1978 mit uns Windsurfern Kontakt auf und besuchte uns Surfer anlässlich einer Regatta auf der Müritz in Mecklenburg. Uns wurde das Problem mit der Berufsschifffahrt, von dem wir schon Kenntnis hatten, erläutert. Von der ZPK wurde uns Surfern erklärt, dass eine schnelle und unkomplizierte, aber praktikable Lösung zu diesem Problem gefunden werden muss, da sonst ein Verbot des Windsurfsports droht. Die ZPK machte den Vorschlag, dass aus unseren Reihen ein Windsurfer als Vertreter des Brettsegelns künftig in der ZPK mitwirkt. Damit sollten auch künftig die Interessen der Brettsegler im Prüfungswesen direkt wahrgenommen werden. Die Wahl meiner Sportfreunde fiel auf mich und somit war ich fortan der Vertreter der Brettsegler in der ZPK der DDR.
Gemeinsam mit der ZPK haben wir Windsurfer sofort und noch an der Müritz bestimmte Regeln erstellt, die für die gesamte DDR gesetzlich und verbindlich wurden. Jeder Windsurfer sollte eine kurze, praktische Prüfung nach bestimmten Kriterien ablegen und somit die Beherrschung seines Surfbretts belegen. Diese praktische Prüfung sollte nur eine Ergänzung zu einem vorhandenen und gültigen Befähigungsnachweis „Binnen - oder Seewasserstraßen" sein. Hatte der Windsurfer diese praktische Prüfung bestanden, erhielt er in seinen Befähigungsnachweis einen amtlichen Eintrag „Brettsegeln" mit einem Stempel von der entsprechenden Prüfungskommission.
Als sichtbares Zeichen auf dem Wasser erhielt jeder Windsurfer nach bestandener Prüfung eine Plastikplakette mit einem darauf abgebildeten Surfbrett und der Aufschrift „Brettsegler gepr." An dieser Plakette war

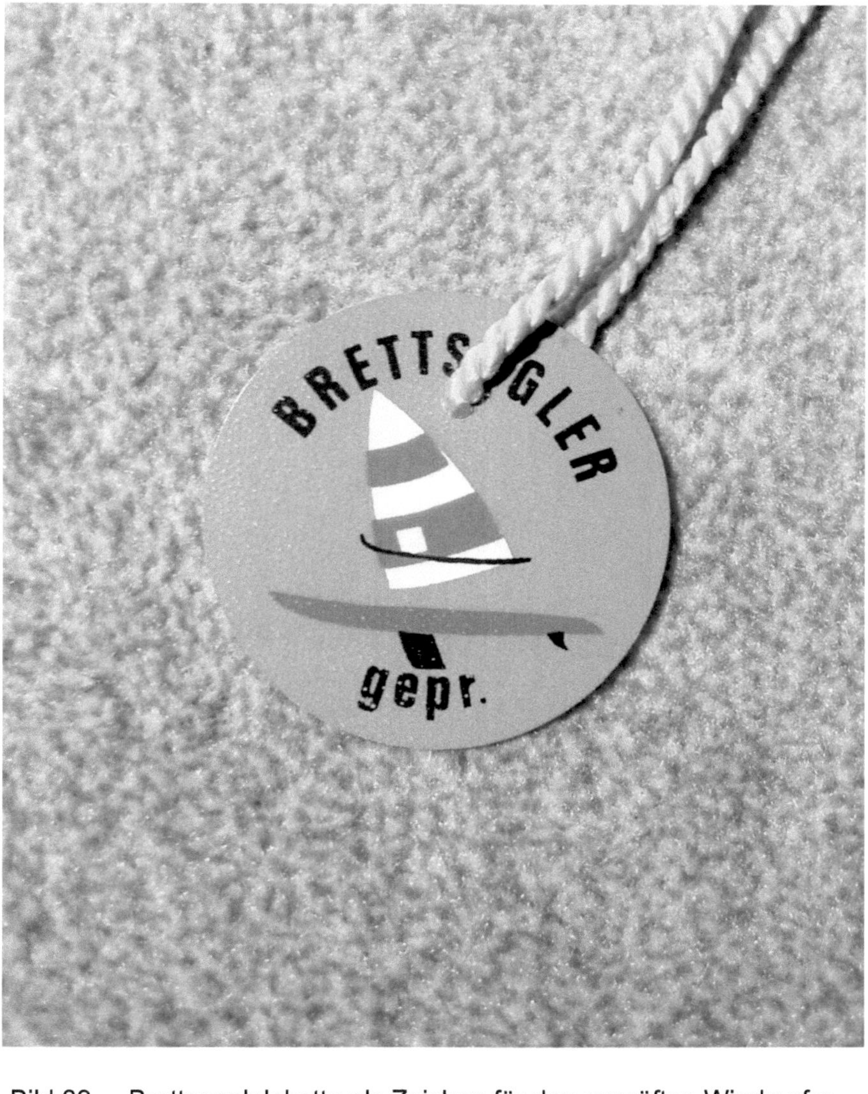

Bild 39 Brettsegelplakette als Zeichen für den geprüften Windsurfer

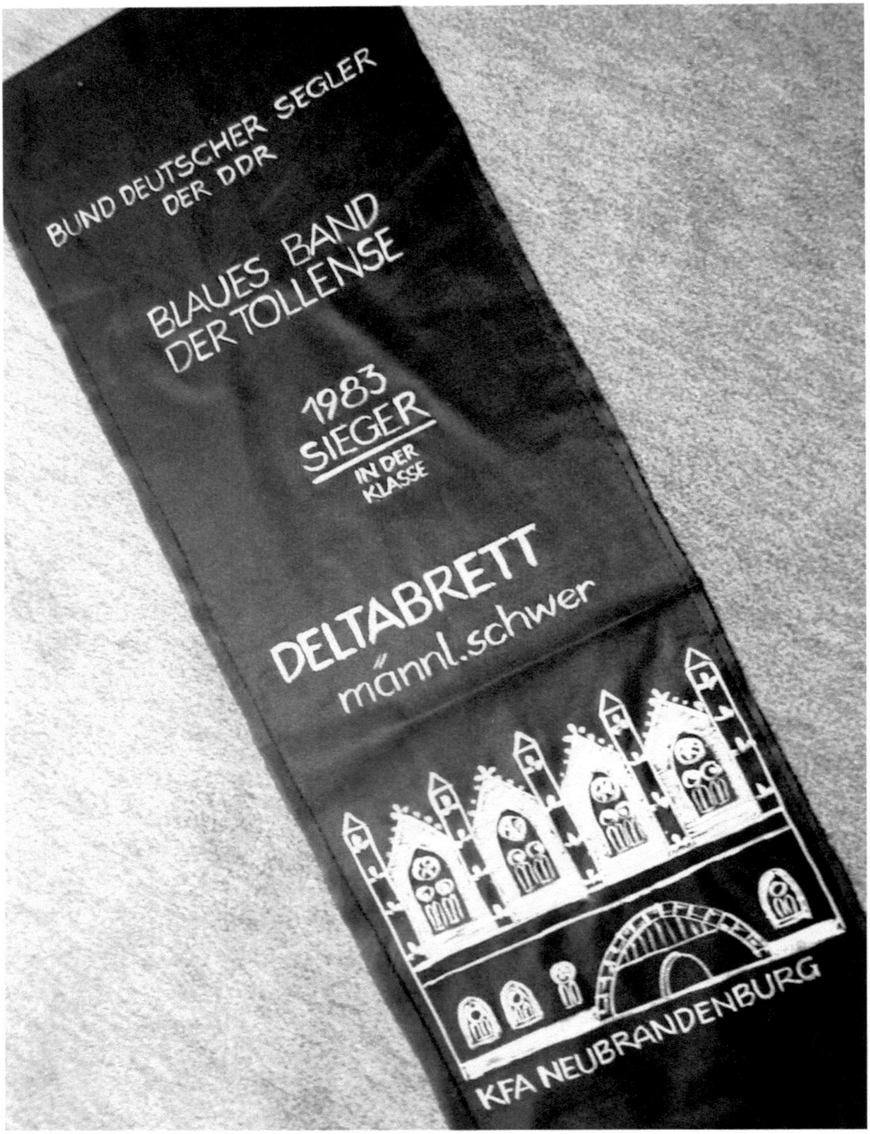

Bild 40 Siegerschleife „Blaues Band der Tollense“, 1983 in Neubr.bg.

eine Kordel befestigt und der Windsurfer sollte diese Plakette auf dem Wasser um den Hals tragen. Im Zweifel an dem geforderten Fahrkönnen des Surfers auf Gewässern mit Berufsschifffahrt war die Wasserschutzpolizei berechtigt, den Befähigungsnachweis an Land zu überprüfen. Der geprüfte Windsurfer durfte nun uneingeschränkt auf dem Wasser und in seinem entsprechenden Fahrtenbereich surfen.
Der Anfänger musste sich zum Erlernen und Üben ein Gewässer ohne Schiffsverkehr suchen. Windsurfer ohne einen gültigen Befähigungsnachweis waren normalerweise nicht berechtigt, auf Gewässern mit Schiffsverkehr zu surfen. Die praktische Prüfung für das Brettsegeln bestand im Wesentlichen darin, dass der Windsurfer einem Prüfer auf dessen Zuruf bestimmte Manöver, wie z.B. Wenden und Halsen, sicher vorfahren konnte. Wichtigstes Prüfungselement war das sogenannte „Manöver des letzten Augenblicks". Der Windsurfer musste eine Notsituation simulieren, indem er blitzschnell sein Rigg vom Board trennt und sich bäuchlings auf dem Board liegend aus einer angenommenen Gefahrenzone sehr schnell mit beiden Händen herauspaddelt. Dieses Manöver sollte eine drohende Kollision mit einem Fahrgastschiff oder einer Schubeinheit verhindern.
Die Prüfungsregeln für das Brettsegeln wurden nun Bestandteil der Sportbootanordnung der DDR, die als gesetzliche Vorschrift für alle Wassersportler galt. Jeder ungeübte Windsurfer musste es nun selbst abwägen, ob er durch Leichtsinn in eine Gefahrensituation mit der Berufsschifffahrt gerät und dafür zur Verantwortung gezogen wird. Auch die wenigen Surfschulen der DDR bildeten die Windsurfer dahingehend aus, dass sie nach Abschluss der Surfausbildung diese Brettsegelprüfung erfolgreich abschließen konnten.
Die Möglichkeit, eine praktische Brettsegelprüfung ablegen zu können, war aus meiner Sicht eine gute Lösung. Der Gesetzgeber hatte nun eine klare Regelung und vielleicht hat sie uns Windsurfer damals sogar vor dem totalen Verbot unseres so schönen Sports in der DDR bewahrt.

Die Ära der Funboards beginnt

Trotz des verbesserten Surfbretts „Delta 3 – Banane", waren wir DDR-Windsurfer Anfang und Mitte der achtziger Jahre mit unserem Sportgerät nicht mehr sonderlich froh. Es war einfach zu schwer, zu groß und zu träge und es war nicht mehr auf dem Niveau des technischen Fortschritts. Das galt auch für das Rigg, denn das „Delta“ - Segel entsprach inzwischen längst nicht mehr einem modernen Surfsegelschnitt. Auch die Gabelbäume waren, bedingt durch den Segelschnitt, viel zu lang und die Befestigung am Mast war auch nicht mehr der letzte Schrei.

Anfang der achtziger Jahre nahm die Surfbrettentwicklung im Westen einen rasanten Fortschritt. Die Boards wurden immer kleiner und wesentlich leichter. Neue Kunststoffe und Materialen taten dabei ein übriges.

Die „Funboards“ wurden in zwei Gruppen geteilt. Allroundfunboards hatten ein versenkbares Schwert und eine Finne unter dem Heck. Reine „Funbords“ waren wesentlich kleiner und hatten zur Führung im Wasser nur eine oder mehrere Finnen. Das Unterwasserschiff hatte nun zu dem Heck und den Seiten scharfe Abrisskanten. Damit wurde ein besserer Wasserabriss erreicht, der ebenfalls zu höheren Geschwindigkeiten führte. Zum besseren Halt in den Wellen und bei höheren Geschwindigkeiten hatten beide Board Gruppen mehrere Fußschlaufen in dem Standbereich.

Die Fahrtechnik war nun völlig anders. Unsere alten „Delta – Boards“ wurden vorwiegend durch Verlagerung der Segelposition gesteuert. Die neuen Funboards wurden nun überwiegend durch Fußsteuerung gelenkt. Vorerst konnten wir diese Entwicklung nur in den Surfzeit - schriften aus dem Westen verfolgen. Wir staunten über die Bilder und über die völlig neue Fahrtechnik, die in Mehrfachbildern ausführlich beschrieben wurde. Die Segel wurden nun total durchgelattet und ergaben dadurch ein viel stabileres Profil, was zu wesentlich höheren Geschwindigkeiten führte. Auch die Masten wurden immer leichter und trotzdem härter. Die Finnen bekamen modernere Profile und Formen und wurden durch neue Materialien, wie z.B. Carbon, immer steifer. Die Finnen mussten jetzt die Funktion des fehlenden Schwerts mit übernehmen.

Es begann im Westen die Zeit der „Custom“ - Boards , dass heißt, jetzt war der Selbstbau angesagt. In fast jeder Surfzeitung waren nun Selbstbaupläne mit ausführlichen Beschreibungen und Anleitungen veröffentlicht. Die verschiedensten „Shapes“ wurden doppelseitig auf Millimeterpapier abgedruckt und bildeten die Vorlage für den Selbstbau. Anfang

der achtziger Jahre wurden die Reiseerleichterungen der DDR- Bürger in den Westen minimal verbessert, so dass durch Onkel, Tanten, Opas und Omas immer öfters auch Surf - Zeitungen zu einigen Windsurfern in den Osten kamen. Gierig lasen wir die Baupläne dieser neuen Surfbretter und sofort begann auch in der DDR die Selbstbauwelle.
Mit dem Eigenbau von Surfbrettern hatten wir ja noch aus den Pioniertagen des Windsurfens jede Menge Erfahrungen. Während im Westen leichtes und festes Schaummaterial das Ausgangsmaterial für das Shapen war, konnten wir nur auf das zwar leichte, aber leider sehr weiche Styropor zurückgreifen. Dieses Material in größeren Blöcken zu beschaffen, war allein schon ein Kunststück. Noch schwieriger war das Beschaffen von Epoxydharz und Glasgewebe. Beziehungen und Kontakte hatten oberste Priorität und wir Windsurfer handelten wieder verstärkt untereinander mit Naturalien. Damit sind aber jetzt keine Apfelsinen im Tausch gegen Bananen gemeint, sondern z.B. Segel gegen Schaumpolysterol oder vorgeshapte Surfbretter gegen Epoxydharz, selbstgefertigte Finnenkästen gegen Glasseide usw.
Der Bau dieser neuen „Funboards“ verlangte auch eine völlig andere Bauweise als der Bau eines Surfbretts aus einer Form. Jetzt waren besonderes handwerkliches Geschick und ein ausgeprägtes Gefühl für harmonische Formen gefragt. Vereinfacht ausgedrückt, es musste aus einem rechteckigem Block das Surfbrett in seiner endgültigen Form herausgearbeitet werden.
Das „Shapen“ von Surfboards kam aus den USA, genauer gesagt von Hawaii nach Europa. Infolgedessen waren auch alle Fachbegriffe ausschließlich in englischer Sprache. Begriffe wie: „Scoop“, „Rocker“, „Stringer“, „Winger“, „Outline“, „One Foot“ und „Tucked under Edge“, waren jetzt auch für uns Windsurfer im Osten das vorrangige Vokabular untereinander.
Nach den Bauplänen in den Surfzeitschriften fertigten wir uns Schablonen für die Seitenansicht und die Draufsicht an. Dann wurden diese Schablonen mit Stiften an den Styroporblock geheftet. Ein dünner Draht wurde durch ein Akkuladegerät glühend gemacht und damit die Außenkante der Schablone ringsherum abgefahren. Diese Schneidvorrichtung funktionierte hervorragend, denn der schwachglühende Draht ging durch den Styroporblock wie das sprichwörtliche Messer durch die Butter.
Nachdem die Seitenansicht und die Draufsicht geschnitten waren, konn-

te schon das Board als solches grob erkannt werden. Jetzt musste dieser Rohling in seine eigentliche Form gebracht werden. Das war reine Handarbeit. Mit einer Raspel oder ähnlichen Werkzeugen wurden nun die Decksrundungen, die Radien und die Gleitfläche des Unterwasserschiffs geformt. Mit Schleifpapier wurden alle Flächen geglättet. Dabei war größte Vorsicht geboten, da aus der weichen Struktur des Styropors sehr schnell ganze Stücke herausgerissen wurden.

Das fertig geshapte Board wurde dann in Längsrichtung wieder aufgeschnitten, so dass drei Teile entstanden. In die Schnittflächen wurden Versteifungen, sogenannte Stringer, eingebaut. Anschließend wurden die Teile wieder zur Ausgangsform zusammengefügt. Jetzt wurden der Finnenkasten und die Mastspur eingebaut und versteift.

Ich hatte aus der Not eine Tugend gemacht und Finnenkästen selbstentwickelt, da sie im Handel nicht erhältlich waren. Ein zweigeteiltes Modell war der Nachbau des amerikanischen Finnenkastens. Im Sandgussverfahren ließ ich dann diese Kästen aus Aluminium abgießen. Anschließend wurden sie auf einer Fräsmaschine nachgearbeitet. Somit konnte ich auch mehreren meiner Surffreunde mit solchen Finnenkästen, die auch gleichzeitig Mastspur waren, aus der Not helfen.

Nach dem Einbau der Mastspur und des Finnenkastens war der eigentliche Boardbau abgeschlossen; jetzt ging es ans Laminieren. Mit Epoxydharz und Glasseide wurde das Board von beiden Seiten laminiert. Nach dem Aushärten wurde alles unter Zusatz von Polyesterspachtel verputzt und mit Nassschleifpapier geschliffen, bis keine Dellen oder Beulen mehr sichtbar waren.

Nun mussten noch Fußschlaufen für den sicheren Stand eingebaut werden. An den entsprechenden Positionen wurden kleine Schlitze in das Board geschnitten und etwas Schaum entfernt. Die Fußschlaufen haben wir aus steifen Flachriemen geschnitten und in die Schlitze mit Harz eingesetzt und verankert.

Abschließend wurde das Board je nach Gefallen lackiert oder gespritzt. Die meisten von uns verwendeten weißen „PUR - Lack“. Er war der einzige in der DDR erhältliche Zweikomponenten - Lack, der eine ordentliche Oberflächenhärte erzielte.

Ich hatte mehrere verschiedene Boardvarianten gebaut, aber mich dann auf ein Brett mit 2,95 Metern Länge konzentriert. Es hatte ein Volumen von ca. 100 Litern und wog nach Fertigstellung etwa 8 kg. Das Heck war

sehr dünn und hatte scharfe Abrisskanten. Zur besseren Führung in den Manövern hatte es kleine Absätze im Heck, die sogenannten „Winger".
Mit einem solchen Board zu surfen war ein Unterschied zum „Delta"-Brett wie wenn ein Trabantfahrer auf einen Porsche umsteigt. Die Fahrtechnik dieser kleinen und leichten Boards war so grundlegend anders, dass wir alten Deltasurfer das Windsurfen fast noch einmal neu erlernen mussten.
Mit diesen Boards erreichten wir plötzlich Geschwindigkeiten, die mit schnellen Motorbooten vergleichbar waren. Das Manöver einer Wende, bei der der Surfer vorne um den Mast geht, war jetzt völlig out. Die „Power Halse" war jetzt angesagt, bei der aus der vollen Gleitfahrt durch Kantenbelastung die Richtungsänderung eingeleitet wird und im Gleiten das Segel für die neue Kursrichtung geshiftet wird. Wir erlernten den Wasserstart, bei dem wir im tiefen Wasser das Segel leicht hochdrückten und der Wind unter das Segel griff und das Segel, samt dem Surfer aus dem Wasser zog.
Besonders schwierig war die Umgewöhnung, ein Windsurfbrett ohne Schwert zu fahren. Das sogenannte Höhefahren, also steil gegen den Wind, war jetzt ohne Schwert nicht mehr möglich. Mit einer größeren und guten Finne sowie einer gewissen Fahrtechnik konnten aber mäßige Winkel gegen den Wind erreicht werden.
Überall in Ost und West eroberten nun diese kleineren Surfbretter die Seen. In der DDR waren das ausschließlich Selbstbauten in unterschiedlichsten Formen und Größen. Auch die Fahreigenschaften waren dementsprechend verschieden.
Ich hatte inzwischen im Bau dieser Funboards eine beachtliche Erfahrung und Routine. Einige meiner Surffreunde hatten sich auf Grund der guten Fahreigenschaften meiner Boards ein solches von mir bauen lassen. Das Surfen mit den großen, schweren „Delta" - Brettern hatte nun für einige meiner alten Surffreunde und auch mich an Reiz verloren. Zu sehr hatte uns die Dynamik des Funboardsurfens gepackt. Ich hatte nun 10 Jahre den aktiven Regattasport im Windsurfen betrieben und fuhr 1985 meine letzte DDR - Meisterschaft.
Um einmal die Faszination des modernen Funboardsurfens zu verdeutlichen, möge sich der Leser jetzt einmal folgende Szenerie vorstellen: Du hast einen traumhaften Surftag erwischt! Es ist Sommer und der Wind bläst ganz gleichmäßig mit 6-7 Windstärken. Auf dem Wasser sind über-

all Schaumkronen, die von den Sonnenstrahlen in ein gleißendes Weiss getaucht werden. Du hängst in deinem Trapez und fliegst förmlich mit deinem Surfbrett über das Wasser. Alles passt haargenau, das richtige Board und genau die richtige Segelgröße. Du genießt diese rasante Fahrt und bist voll konzentriert, aber dennoch völlig easy. Deine Beine arbeiten wie Stoßdämpfer eines Autos und federn alle Stöße der Wellen locker ab. Um dich herum ist alles vergessen, etwas Schöneres kommt dir im Augenblick nicht in den Sinn. Du hakst dich aus dem Trapez aus und setzt zu einer Halse an. Du nimmst das hintere Bein aus der Fußschlaufe und belastest damit erst leicht und dann deutlich zunehmend die Leekante deines Boards. Dein Board reagiert auf diesen Lenkbefehl wie ein Rennpferd auf den Schenkeldruck seines Jockeys. Du gehst mit voller Fahrt in die Kurve. Jetzt konzentrierst du dich voll auf das Segelshiften. Blitzschnell schlägt es um und dazu wechselst du deine Fußschlaufenposition. Ohne Unterbrechung ist dein Board durchgeglitten. Du hakst dich wieder ins Trapez ein und mit voller Fahrt geht es in die neue Richtung. Ein unbeschreibliches Glücksgefühl überkommt dich. Dein Körper schüttet plötzlich eine Unmenge an Adrenalin aus. Und dann passiert es: Es will aus dir heraus. Du schreist nur noch lauthals: Jaaaaaaaaaaa...!!!
Das ist der berühmte Surfschrei; wer ihn einmal ungewollt und unbewusst herausgestoßen hat, kann vom Windsurfen nicht mehr lassen. Das ist die Faszination des modernen Windsurfens!
Auf allen Gewässern der DDR wurden nun die schnellen, selbstgebauten Funboards ausprobiert und überall die neue Fahrtechnik fleißig trainiert. Es dauerte schon einige Zeit, bis man die einzelnen Manöver mehr oder weniger beherrschte. Einige ganz Mutige gingen daran Loops zu üben, was öfters Blessuren einbrachte.

Unsere Windsurfaktivitäten in Polen und Ungarn

Die Polen, Tschechen und Ungaren waren schon immer etwas loyalere Länder als die DDR, die sich in ihrer restriktiven Politik eng an die Vorgaben des „großen Brudervolkes Sowjetunion " hielt.
Im Sport hatte ja die DDR, wie wir alle wissen, einen besonderen Ehrgeiz, Bestleistungen zu erreichen, um in der ganzen Welt Anerkennung

und Geltung zu erlangen. Mit welchen Mitteln und Methoden diese Ziele verfolgt und erreicht wurden, ist hinlänglich bekannt und soll hier nicht länger erörtert werden.
Sportwettkämpfe mit den sogenannten " sozialistischen Bruderländern " fanden überwiegend in den olympischen Sportarten statt. Von der DDR-Sportführung gab es für die nichtolympischen Sportarten nur wenig Unterstützung und kaum ein Interesse an internationalen Vergleichswettkämpfen. Sportbegegnungen und Wettkämpfe im sozialistischen Ausland auf privater Initiative waren unerwünscht. Hier könnten sich ja Kontakte und Freundschaften entwickeln, die nicht überwacht und kontrolliert werden!
Die Polen und die Ungaren waren da viel lockerer. Von den Polen erhielten wir bereits 1976 eine Einladung zur polnischen Windsurfingmeisterschaft nach Charsikow. Eine kleine Gruppe von DDR - Surfern fuhr sozusagen als private Mannschaft zu dieser Meisterschaft und nahm daran teil. Da es keine offizielle Startgenehmigung der DDR - Behörden gab, vermieden es unsere Teilnehmer, durch die Ziellinie zu fahren, sondern daneben die Wettfahrt zu beenden. So tauchte keiner der DDR- Teilnehmer in den Start/Ziellisten auf und konnte damit auch keine unangenehmen Fragen zu Hause bekommen.
1977 erhielten wir eine Einladung vom polnischen Yachtklub MJKM Neptun, der zu der Windsurfregatta „Puchar Dominika“ vom neunten bis elften August, nach Danzig einlud. Eine Gruppe von überwiegend Berliner Windsurfern folgte dieser Einladung und fuhr nach Danzig zu dieser Regatta. Wir nahmen alle als reine Privatleute an dieser Regatta teil.
Für die Polen stellte es kein besonderes Problem dar, diese Windsurfregatta auf der offenen Ostsee auszutragen. Immerhin war die polnische Ostseeküste für die Polen ebenso Grenze wie die Ostseeküste in der DDR. Unsere Neugier, auf der Ostsee zu surfen, war größer als die Angst vor eventuellem Ärger mit Sportfunktionären zu Hause.
Der Regattakurs auf der Ostsee war riesengroß ausgelegt und bei dem starken Wind und Wellengang kämpften wir alle verzweifelt mit unseren

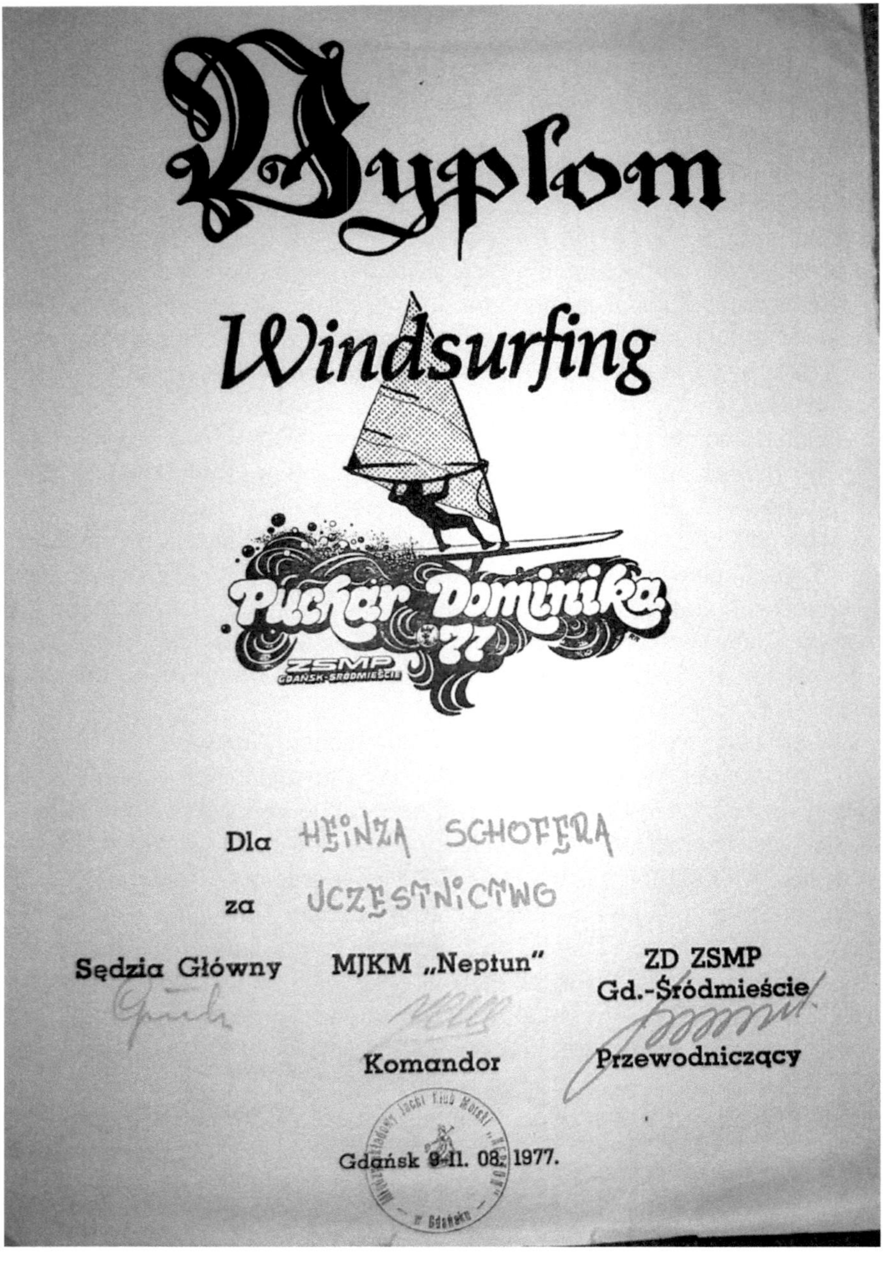

Bild 41 Polnische Urkunde für die Regattateilnahme Aug.1977 in Danzig

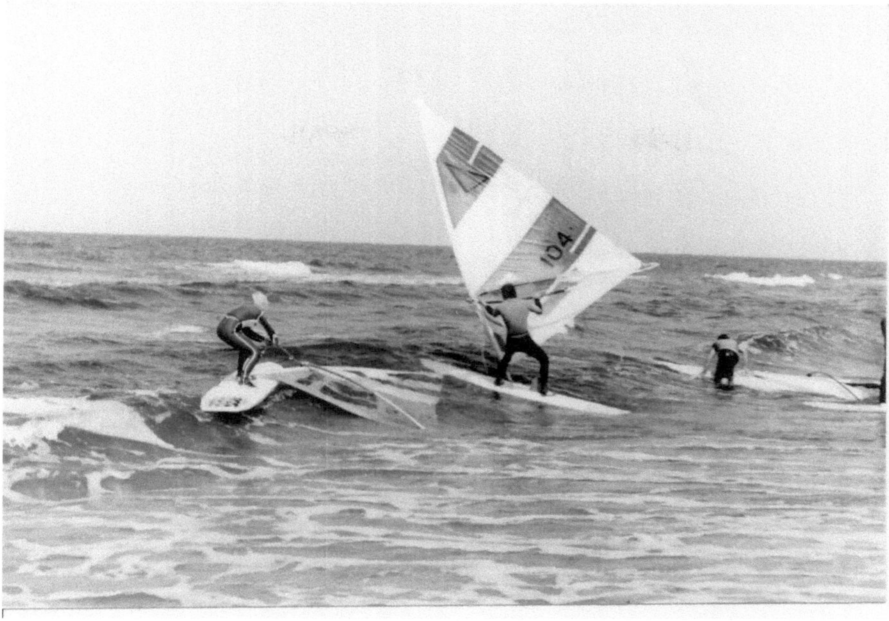

Bild 42 Wir surfen 1980 mit den Delta Brettern auf der poln. Ostsee

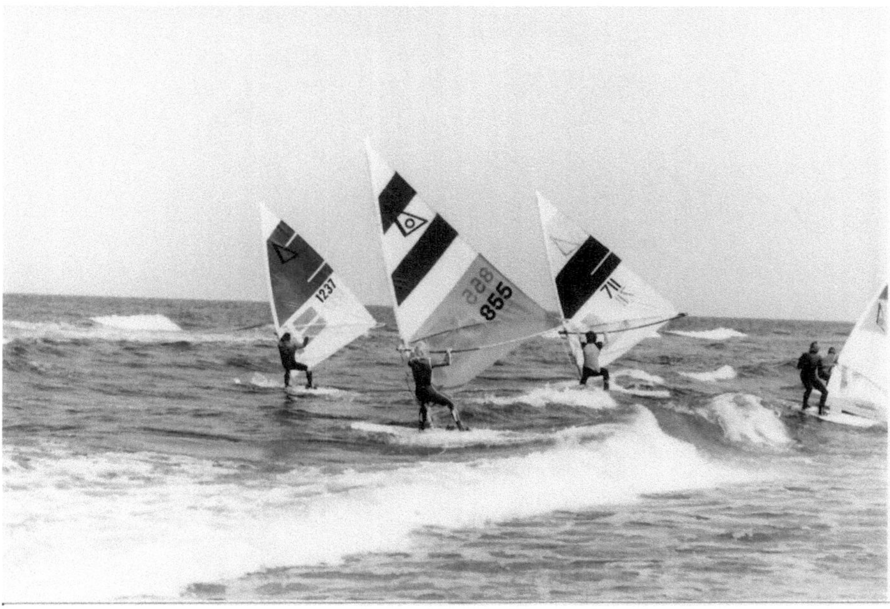

Bild 43 A.Gemperle, S.Längert, B.Seidel surfen durch die Brandung

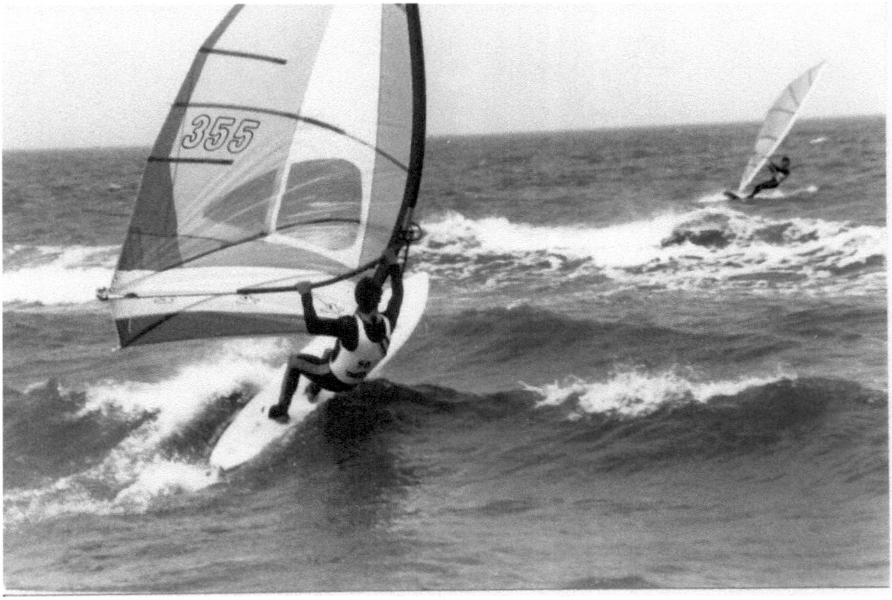

Bild 44 Toni Längert in der Brandung der poln. Ostsee, 1988 in Gaski

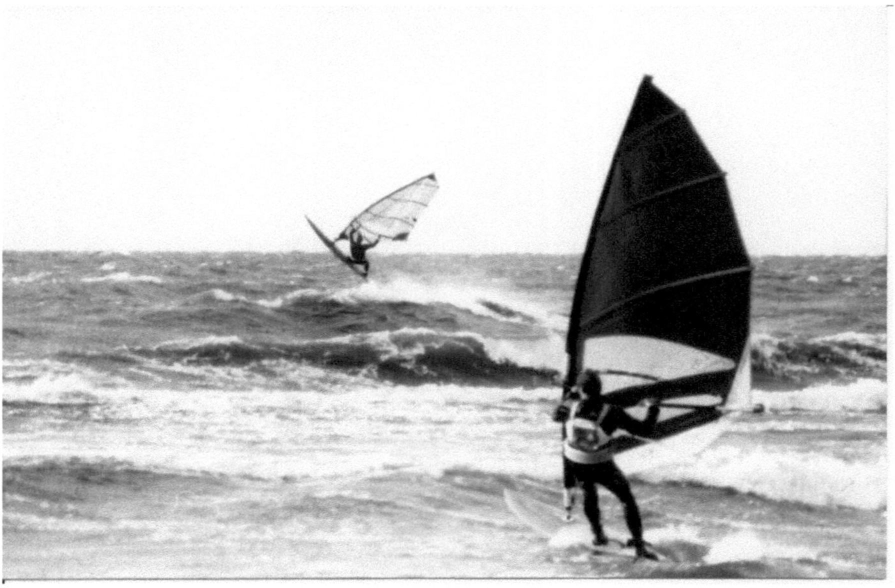
Bild 45 Gaski 1988: unbek. Surfer hebt ab, Toni Längert startet durch

großen und flachen Surfbrettern, die für die Welle nur begrenzt geeignet waren. Wegen zu starken Windes, wurden dann zwei Wettfahrten in der Weichselmünd und bei Danzig ausgetragen.
Bei dieser Regatta gab es auch ein Wiedersehen mit „Manne“ Hinz, einem der Ur- Surfer aus West - Berlin. Es waren noch einige andere westdeutsche und tschechische Teilnehmer am Start und somit wurde diese Regatta für uns der erste internationale Vergleich.
Zu Hause gab es wegen unserer Teilnahme an dieser internationalen polnischen Regatta keinen Ärger mit den DDR - Sportverbänden, da niemand von unserer privaten Teilnahme erfuhr.
Nach der Danziger Regatta machte unsere ganze Truppe noch einen ausgedehnten Camping - Surfurlaub an der nordöstlichsten Spitze Polens, auf der schmalen Landzunge der Frischen Nehrung bei Krynica Morska, dem ehemaligen Kahlberg. Beim Surfen auf der Frischen Nehrung musste wir uns vor der nahen russischen Grenze hüten, die mitten durch das Wasser verlief und durch riesige, direkt im Wasser stehende Grenztürme von den Russen bewacht wurde.
Weitere zwei Jahre später, also im Sommer 1979, erfuhren wir von einer internationalen Windsurfregatta in Ungarn auf dem Velence See bei Agard. Als private Urlauber fuhr wieder eine ganze Truppe von DDR-Windsurfern zu dieser Regatta. Für uns war es eine große Freude, mit Ungaren, Österreichern, Westdeutschen und Tschechen gemeinsam an einer solchen Regatta teilzunehmen. Mit unseren „Delta“ - Brettern hatten wir gegen die wesentlich moderneren westlichen Boards nur mäßige Chancen, doch das war nicht so wichtig; dabei gewesen sein, war für uns alles!
Im Sommer 1980 fand in Ungarn auf dem Balaton bzw, Plattensee die Weltmeisterschaft der Windglider statt. Der Windglider war ein Surfbretttyp vom westdeutschen Hersteller Fred Ostermann. Dieses Brett hatte damals eine starke Verbreitung, so dass Herr Ostermann seine eigenen Weltmeisterschaften durchführte. Wieder fuhr eine riesige Truppe von DDR - Windsurfern zu dieser WM.
Diese Windglider - WM war auch den DDR - Sportfunktionären nicht verborgen geblieben und so wurden unsere Klassenobleute schon vorab ermahnt, dass eine Teilnahme der DDR - Windsurfer an dieser WM disziplinarische Folgen haben würde. Da von der Firma Ostermann für alle WM Teilnehmer das Surfmaterial gestellt wurde, hätten auch die DDR-

Surfer ohne Probleme teilnehmen können. Herr Ostermann konnte gar nicht verstehen, dass sich keiner der DDR - Surfer wagte, an den Start zu gehen. Wenigstens erhielten alle für die Zeit der WM kostenlos komplette Windglider von Herrn Ostermann ausgeliehen. So konnten alle DDR - Surfer einmal ein modernes Surfbrett ausprobieren und ein wenig neben der WM mitsurfen.

Zum ersten Mal konnten auch einige Surfer ein Tandemsurfbrett ausprobieren, welches ebenfalls von der Firma Ostermann produziert wurde. Neben der Trauer unserer Surfer, an der WM nicht teilnehmen zu dürfen, überwog das Erlebnis des internationalen Flairs dieser WM. Gemeinsam mit Surfern aus verschiedenen Ländern wurde gefachsimpelt, gescherzt und auch ein wenig gepichelt. Alle DDR - Surfer hatten das Gefühl, dass sie ebenfalls zu dieser großen, internationalen Surferfamilie dazugehören.

Anfang der achtziger Jahre nahmen einige DDR - Windsurfer noch an zwei weiteren, offenen Windsurfregatten in Ungarn, auf dem Balaton, teil. Bei offenen Regatten konnten die verschiedensten Surfbretter gleichzeitig an einer Regatta teilnehmen. Auch diese Teilnahmen fanden ausschließlich auf privater Basis statt, damit es zu Hause in der DDR keinen Ärger gibt.

Mitte der achtziger Jahre ebbte das Interesse der DDR - Windsurfer an den ausländischen Regatten ab. Das Funboardsurfen hatte uns alle als neue Herausforderung gepackt. Ständig waren wir auf der Suche nach neuen Surfrevieren. Unser Lieblingsrevier Thiessow am Greifswalder Bodden genügte uns nun auch nicht mehr, da wir jetzt mit unseren kleinen, schnellen und wendigen Funboards in die richtige Welle und in die Brandung wollten.

Wir erinnerten uns, dass uns die Polen bei Danzig ohne Probleme auf die offene Ostsee ließen. Und so wurde bei einer Erkundungsfahrt entlang der polnischen Ostseeküste das Örtchen Gaski bei Kolobrzeg, bzw Kolberg entdeckt. Direkt an der Ostsee gelegen, hatte gleich hinter der schützenden Düne ein Bauer den Urlaubern und Campern, Standplätze auf seiner Wiese angeboten.

Es war der absolut ideale Surfspot, den wir immer gesucht hatten. Bei starkem Westwind baute sich eine riesige Welle auf, die von weit her über die Ostsee kam. Zunächst hatten wir einen gewaltigen Respekt vor diesen Gewalten, weil wir noch nie in einer solchen Brandung gesurft

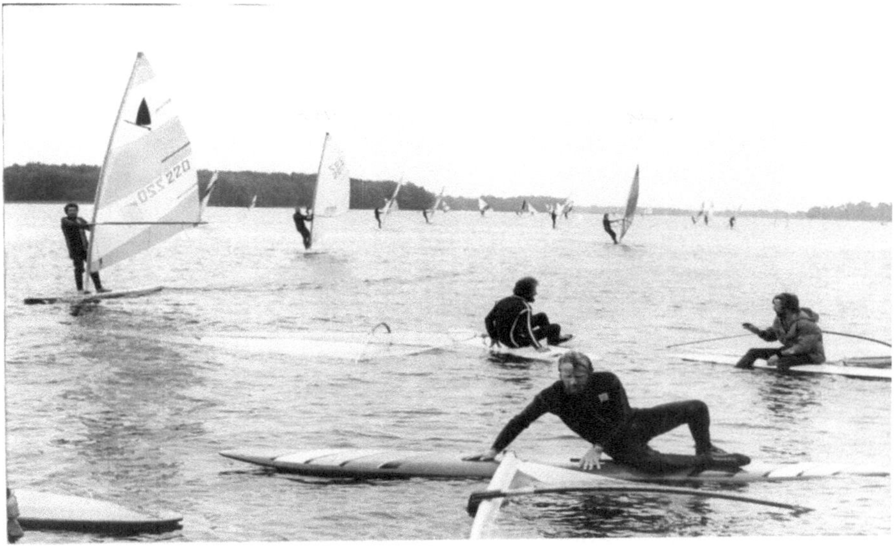

Bild 46 H. Liedke, A.Ernst, E.Reschwamm sind bereits durchs Ziel

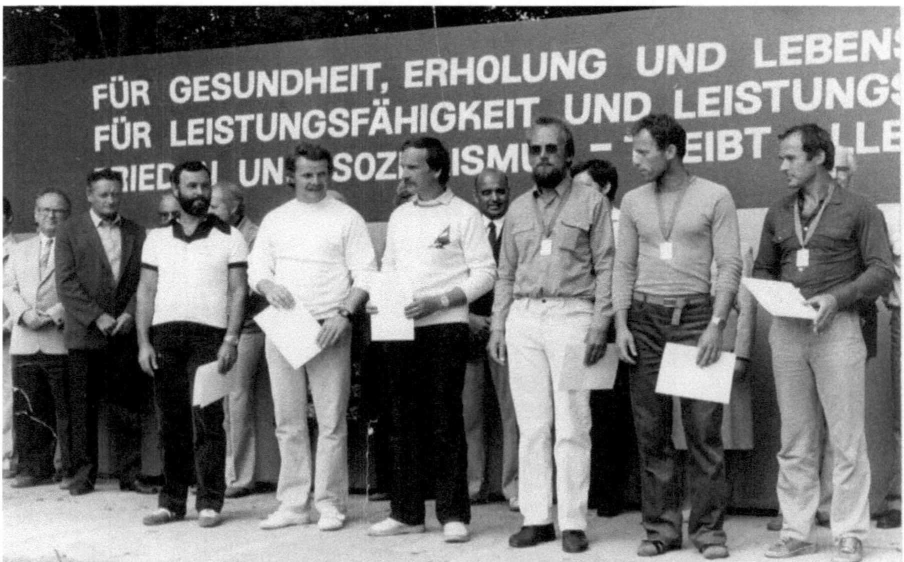

Bild 47 Die Besten der „schweren Jungs“ werden ausgezeichnet
v.l: D.Leitsch, J.Längert, H.Schäfer, E.Reschwamm, H.Junge, R.Hermes

hatten.
Jetzt mussten wir aber das größte Problem lösen. Wie und von wem bekommen wir eine offizielle Erlaubnis auf der Ostsee zu surfen? Wir bildeten eine kleine Delegation unter der Leitung unseres Seniors Gerd Friemel und suchten den zuständigen Grenzkommandanten für dieses Gebiet auf. Ausgerüstet mit ein paar Aufmerksamkeiten in Form eines Kasten Bieres und einer Buddel Wodka, fanden wir sofort Gehör. Der Kommandant gestattete uns ohne lange Umschweife das Surfen und nahm dankend die milden Gaben entgegen. Einzige Einschränkung war die maximale Entfernung vom Ufer bis ca. 2000 Meter auf die Ostsee. Damit konnten wir locker leben, denn uns kam es hauptsächlich auf die Wellen in Ufernähe an.
Etwa hundert Meter östlich von unserem Strand stand ein großer Grenzwachturm. Wir surften sozusagen unter ständiger Beobachtung. Das war eigentlich gar nicht so schlecht, denn eine Gefahrensituation hätten die Grenzer sofort erkannt und Hilfe organisiert. Wie gut wir beobachtet wurden, bekamen wir zu spüren, als einer unserer Surfer erheblich zu weit hinaus surfte. Innerhalb von 10 Minuten waren die Grenzer mit einem Armee - Jeep bei uns und wurden ziemlich böse. Das hätte ins Auge gehen können, denn nur mit viel Mühe konnten wir die „Genossen“ beruhigen. Dem betroffenen Surffreund war die Sache sehr peinlich, denn er wusste angeblich von dieser Einschränkung nichts.
Vom Anfang der achtziger Jahre bis zur Wende, fuhr jedes Jahr eine ziemlich große Truppe von DDR - Windsurfern in den Sommerschulferien nach Gaski. Ich schätze, dass gleichzeitig manchmal über 100 Personen, bestehend aus Windsurfern mit Familie, aus der ganzen DDR, bei dem Bauer in Gaski Urlaub machten.
Gerd Friemel half uns immer tatkräftig bei den Vorbereitungen, denn der DDR - Zoll verlangte bei der Einreise nach Polen eine Zollerklärung mit einer genauen Auflistung unserer Sportausrüstung.
Der Bauer machte ein gutes Geschäft, denn er musste für die immer größer werdende Zahl von Urlaubern und Windsurfern eine weitere Wiese öffnen. Das Vieh musste zum Grasen dafür weichen!
Ein großes Problem bestand in den völlig unzureichenden Sanitäranlagen, die nicht einmal das Wort dafür verdient hatten. Was nimmt man aber nicht alles in Kauf für traumhafte Surfbedingungen!
Meistens hatten wir sehr gute Surfbedingungen und kräftigen Wind.

Durch die Brandung zu surfen war anfangs äußerst schwierig und mit viel „Höhe laufen“ verbunden. Im Klartext heißt das: Nach einem Sturz in der Brandung war ein erneuter Start fast unmöglich. Unaufhörlich brachen immer wieder neue, riesige Brecher über einen herein. Dabei war es dann noch großes Glück, wenn kein Mast brach oder kein Segel zerriss. Innerhalb weniger Minuten war dann der Surfer von einer seitlichen Strömung parallel zum Strand abgetrieben. Diese Strecke mit der gesamten Surfausrüstung wieder am Strand zum Starplatz zurückzulaufen, nannten wir dann „Höhe laufen“!
Im Laufe der Jahre hatten wir das Windsurfen in Brandung und Welle recht gut erlernt. Wir veranstalteten in Gaski zu unserem Spaß eigene kleine Regatten. Unser „Gaski - Weltcup“ war immer eine große Gaudi, da es sehr spannend, aber auch sehr heiter zu ging. Eine eigens mitgebrachte Boje wurde in ca. 1000 Metern Entfernung vom Ufer auf dem Wasser ausgelegt. Nach dem Beachstart stürmten dann ca. 10 Windsurfer mit dem Surfbrett ins Wasser. Nach wenigen Metern kam die tosende Brandung und da mussten dann schon einige Teilnehmer unter schadenfrohem Gelächter der Zuschauer am Strand, im wahrsten Sinne des Wortes „die Segel streichen“. Es wurden zwei Runden gefahren und Ziel war wieder der Strand. Unsere ganz jungen Surfer, wie z.B. Toni Längert, aber auch Günter Heyden, siegten meistens souverän.
Von Jahr zu Jahr stieg unser Fahrkönnen, besonders herausragend waren aber die Sprünge der „jungen Wilden“ Toni Längert und Frank Stolte. 1988 sprangen beide die ersten Loopings und 1989, dem letzten Jahr in Gaski, wetteiferten beide mit immer höheren und spektakuläreren Sprüngen.
Nach der Maueröffnung, im November 1989, war nun auch das polnische Gaski für uns DDR - Surfer Geschichte. Eigentlich schade, denn wir Surfer haben alle sehr schöne Erinnerungen an die Jahre in Polen und an unseren eigenen Surfstrand bei dem Bauer in Gaski hinter der Düne.

Das Allroundfunboard „Heifan 352“ vom VEB Schichtpreßstoffwerk Bernau

Mitte der achtziger Jahre begann die Zeit der Funboards. Immer öfters sah man nun diese kleinen Bretter, mit denen die Surfer besonders hohe Geschwindigkeiten erreichten und rasante Manöver fuhren.
Während den Einsteigern noch ein „Delta“ - Brett völlig genügte, nahm der Wunsch der schon erfahrenen Windsurfer nach einem moderneren und schnelleren Surfbrett immer deutlichere Formen an. Funboards wurden ausschließlich im Eigenbau hergestellt und waren im Handel nicht erhältlich. Sie setzten ein deutlich höheres Fahrkönnen voraus und waren besonders wendig und sehr schnell.
Ein Allroundfunboard war sozusagen der Kompromiss zwischen einem größeren Board mit Schwert und einem kleinen Funboard mit Fußschlaufen und sehr sportlichen Fahreigenschaften. Allroundfunboards wurden im Westen von vielen Surfbrettherstellern in den verschiedensten Größen und Varianten hergestellt. Gemeinsam hatten sie alle ein völlig in den Rumpf versenkbares Schwert und mehrere Fußschlaufenpaare im Trittbereich.
Die Rumpfform war etwas schlanker und das Unterwasserschiff war für besonders gute Gleiteigenschaften mit scharfen Wasserabrisskanten konzipiert. Sie waren nicht ganz so schnell wie die reinrassigen Funboards, aber dafür noch bei leichtem Wind problemlos fahrbar und für Anfänger schneller beherrschbar als ein Funboard. Mit dem relativ kleinen ausgeklappten Schwert ließ sich auch noch bei leichtem Wind eine akzeptable Höhe gegen den Wind segeln.
Nachdem der VEB Schichtpressstoffwerk Bernau (SPW) einige Zeit bereits das „Delta 3 – Banane“ - Brett produzierte, erkannten auch sie den steigenden Bedarf an moderneren Windsurfbrettern. Das SPW hatte beschlossen, neben dem „Delta 3 - Banane“ - Surfbrett ein neues, moderneres Surfbrett auf den Markt zu bringen.
Es sollte ein Allroundfunboard sein, das ein versenkbares Schwert und mehrere Fußschlaufen für sicheren Stand hat. Ferner sollte es eine Mastspur mit einem verstellbaren Mastspurschlitten erhalten und modernere, auswechselbare Finnen. Für eine schnellere Gleitfahrt als mit dem „Delta“ - Brett sollte das Unterwasserschiff dementsprechend ausgebildet sein.

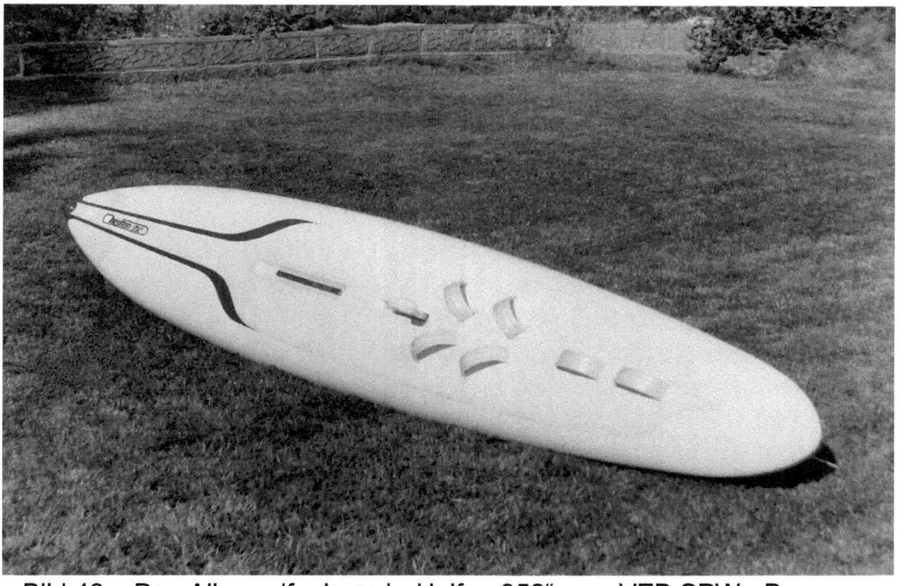

Bild 48 Das Allroundfunboard „Heifan 352“ vom VEB SPW - Bernau

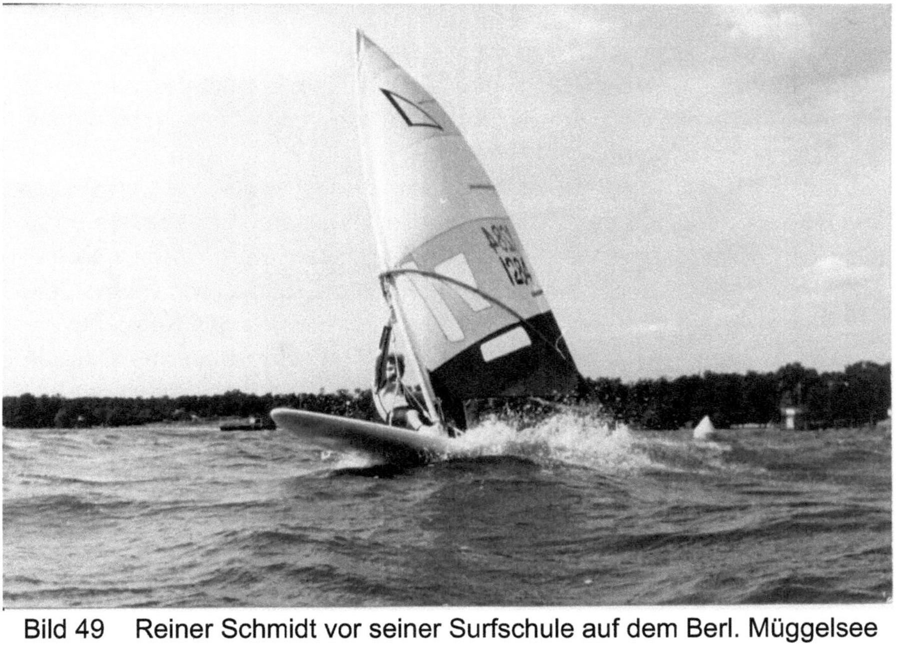

Bild 49 Reiner Schmidt vor seiner Surfschule auf dem Berl. Müggelsee

Hatte das SPW Bernau noch das „Delta 3 – Banane“ - Surfbrett als Ausgangsmodell von Gerd Friemel übernommen, stellte sich jetzt für das SPW die Frage, wer entwickelt für sie das Allroundfunboard nach ihren gewünschten Vorstellungen?
Herr Schmock als Forschungsdirektor des SPW Bernau und seine Ehefrau, die die Surfbrettproduktion des SPW leitete, nahmen erneuten Kontakt mit der Surfszene auf, indem sie sich bei mehreren Surf - Regatten umsahen und mit vielen Windsurfern sprachen. Es war gerade die Zeit des intensiven Selbstbaus von Funboards. Überall in der DDR shapten und laminierten die handwerklich begabten Windsurfer ihre rassigen und schnellen Surfbretter.
Inzwischen waren die von mir gebauten Boards durch sehr gute Fahreigenschaften aufgefallen, so dass mehrere Surffreunde unbedingt ein Board von mir haben wollten. Einigen Sportfreunden genügte der von mir fertiggeshapte Grundkörper aus dem Styropor, das sogenannte „Blank“. Den Rest der Arbeiten führten sie dann selbst aus.
Von meinen Erfahrungen im Surfbrettbau erfuhren auch Frau und Herr Schmock vom SPW Bernau und so kamen sie auf mich zu und fragten mich, ob ich für das SPW ein Allroundfunboard entwickeln würde. Mich reizte diese Aufgabe sofort und recht schnell wurden wir uns einig.
Meine Aufgabe bestand darin, den eigentlichen Brettkörper nach den Parametern des SPW zu entwickeln, zu zeichnen und danach dann auch den Formkern zu bauen.
Nachdem ich die Konstruktion fertiggestellt hatte, begann ich im Winter 1985/86 mit dem Bau des Formkerns. Der musste nun besonders sorgfältig und stabil gebaut werden, denn von diesem Kern oder Ur-Modell sollte ja die Form abgenommen werden. Als Grundkörper verwendete ich wieder das weiche Styropor. Um eine Verformung des Kerns auszuschließen, wurden wesentlich mehr Lagen laminiert, denn das Gewicht spielte jetzt keine Rolle.
Die aufwendigste und langwierigste Arbeit bestand in dem Herstellen einer glatten und ebenen Oberfläche. Mit einer Schattenlampe wurde der Kern immer wieder nach Unebenheiten abgeleuchtet. Nach unendlich vielem Spachteln und Nassschleifen hatte ich dann endlich das fertige Ergebnis. Mit feinstem Nassschleifpapier war der Kern so glatt geschliffen, dass man sich in ihm spiegeln konnte.
Das SPW musste nun noch von diesem Urkern die druckfeste Laminier-

form anfertigen und die anderen Bestandteile, wie versenkbares Schwert, Mastspur, Fußschlaufen und Finnen mit Finnenkasten, entwickeln. Diese Einzelteile gab es nicht in der DDR und so musste das SPW in deren Entwicklung ebenfalls viel Mühe und Arbeit stecken. Ein beauftragter Designer entwickelte extra für dieses Board neue Finnen.

Das modernere 6 m² - Funboardsegel mit durchgehenden Segellatten wurde vom VEB Plakotex aus Wismar, im Auftrag vom SPW, für das „Heifan 352" produziert.

Durch das versenkbare Schwert, der eingesetzten Finnenkästen und der Fußschlaufen, gestaltete sich die Produktion wesentlich schwieriger als bei dem „Delta" - Surfbrett.

Die Technologie der Ausschäumung mit Polyurethanschaum erbrachte leider auch nicht das Wunschgewicht von ca. 14 kg, sondern es wog ca. 19 kg. Hinzu kamen die altbekannten Probleme des nachträglichen Gasens des Schaums. Deshalb wurde dazu übergegangen, den Schaumkern separat zu schäumen und ihn nach einer gewissen Schrumpfung nachträglich in die bereits laminierte Form einzukleben. Das Board hatte, wie es der Name „Heifan 352" schon sagt, eine Länge von 3,52 Metern und ein Volumen von ca. 180 Litern.

Mit dem Namen „Heifan" hatte es eine besondere Bewandnis. Frau Schmock hatte bei der Suche nach einem besonders modern klingenden Namen eine Idee. Aus unser beider Vornamen Stefanie und Heinz, nahm sie aus meinem das „Hei" und aus ihrem das „fan" , verband sie beide und der Name „Heifan" war geboren. Die Ähnlichkeit zum englischen Begriff „High fun" war gewollt und sollte auch so klingen. Im Namen wurde nur noch die Länge des Boards hinzugefügt und so war der Name „Heifan 352" komplett.

Am 23.6.1986 war dann der feierliche Stapellauf des ersten Prototyps vom „Heifan 352" auf dem Wandlitzsee bei Wandlitz. Ich hatte die Ehre, das Board als erster auszuprobieren und drehte die ersten Runden auf dem Wandlitzsee.

Im Frühjahr 1987 war die Entwicklung des „Heifan 352" abgeschlossen und anschließend wurde die Serienproduktion aufgenommen. Nach der Wende musste das SPW Bernau die Produktion der Windsurfbretter einstellen. Nur wenig später wurde der ganze Betrieb an einen westdeutschen Konzern verkauft und nach vier Jahren „abgewickelt".

Das Eissurfen

Einem begeisterten Windsurfer ist die Winterpause bis zur nächsten Saison viel zu lang! Heutzutage fliegt man, das nötige Kleingeld vorausgesetzt, in wärmere Gefilde und surft dann z.B in Ägypten oder in der Karibik. Diese Möglichkeit gab es für uns Windsurfer in der DDR nicht. Innerhalb des sogenannten „sozialistischen Lagers“ gab es im Winter keine wärmere Region als die eigene. Also nutzten wir Windsurfer den Winter in seiner ganz speziellen Weise.

Bei dick zugefrorenen Seen mit möglichst wenig Schnee darauf bot es sich förmlich an, auf dem Eis zu Segeln. Eissegeln hat ja eine sehr lange Tradition und wird schon seit vielen Jahrzehnten, vielleicht schon seit hundert Jahren, betrieben.

Der eine oder andere Leser hat schon einmal diese Eissegelschlitten in voller Fahrt über den zugefrorenen See jagen gesehen. Geschwindigkeiten von über 100 km/h sind dabei völlig normal. Besonders spektakulär sieht es aus, wenn diese Eissegler durch eine plötzliche Böe mit einem Ausleger abheben.

Für uns Windsurfer waren diese Eissegler der Anhaltspunkt. Dabei war klar, dass wir das komplette Rigg unseres Windsurfbretts verwenden wollten. Es fehlte uns ein geeigneter Eisschlitten mit den ganz speziellen Kufen. Während die Eissegler in ihren Schlitten sitzen, konnte für uns Windsurfer nur ein Schlitten in Frage kommen, auf dem wir stehen und, genau wie im Sommer auf dem Wasser, mit dem Rigg steuern.

Bereits 1976, also ein Jahr, nachdem ich mit dem Windsurfen begann, baute ich meinen ersten Eissurferschlitten. Eine alte, ausgediente Schlafzimmerschranktür war meine Standplatte. Diese Schranktür war sehr stabil und wurde von mir auf eine Länge von 1,50 Meter gekürzt. Im vorderen Drittel habe ich sie schräg und in der Spitze mit einem größeren Radius auslaufend zugeschnitten.

Da die richtigen Eissegler überwiegend mit drei im Dreieck angeordneten Kufen fahren, kam diese Anordnung für mich auch nur in Frage. Die vordere Kufe der Eissegler ist über ein Gestänge lenkbar. Das war mir in der stehenden Segelposition zu gefährlich.

Aus sogenanntem T - Stahl fertigte ich meine ersten drei Kufen. Die beiden hinteren Kufen bekamen als Führungskufen einen V – Schliff. Die vordere Kufe sollte nur stützen und nicht führen. Mit einem Radius in

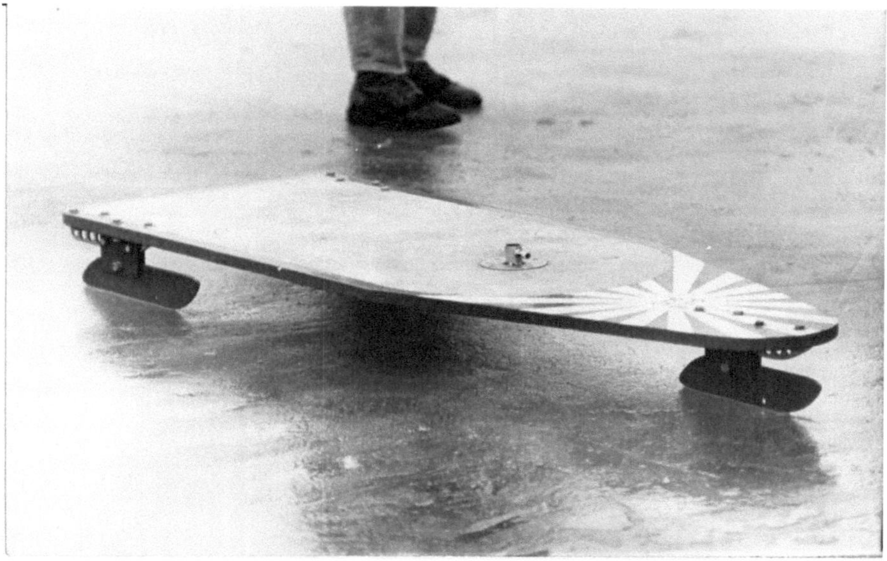

Bild 50 Mein erster Eigenbau - Eissurfschlitten von 1976

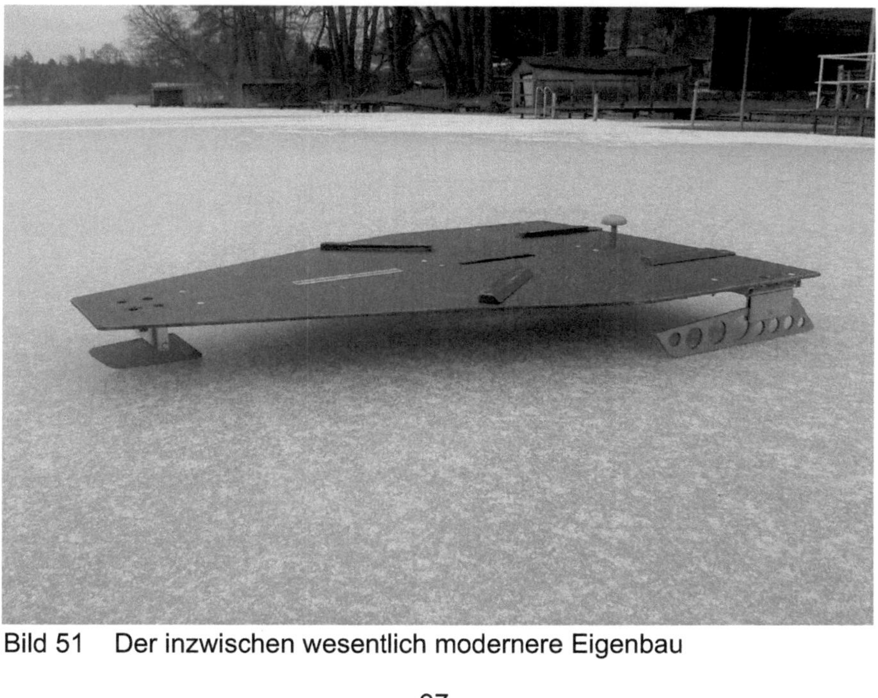

Bild 51 Der inzwischen wesentlich modernere Eigenbau

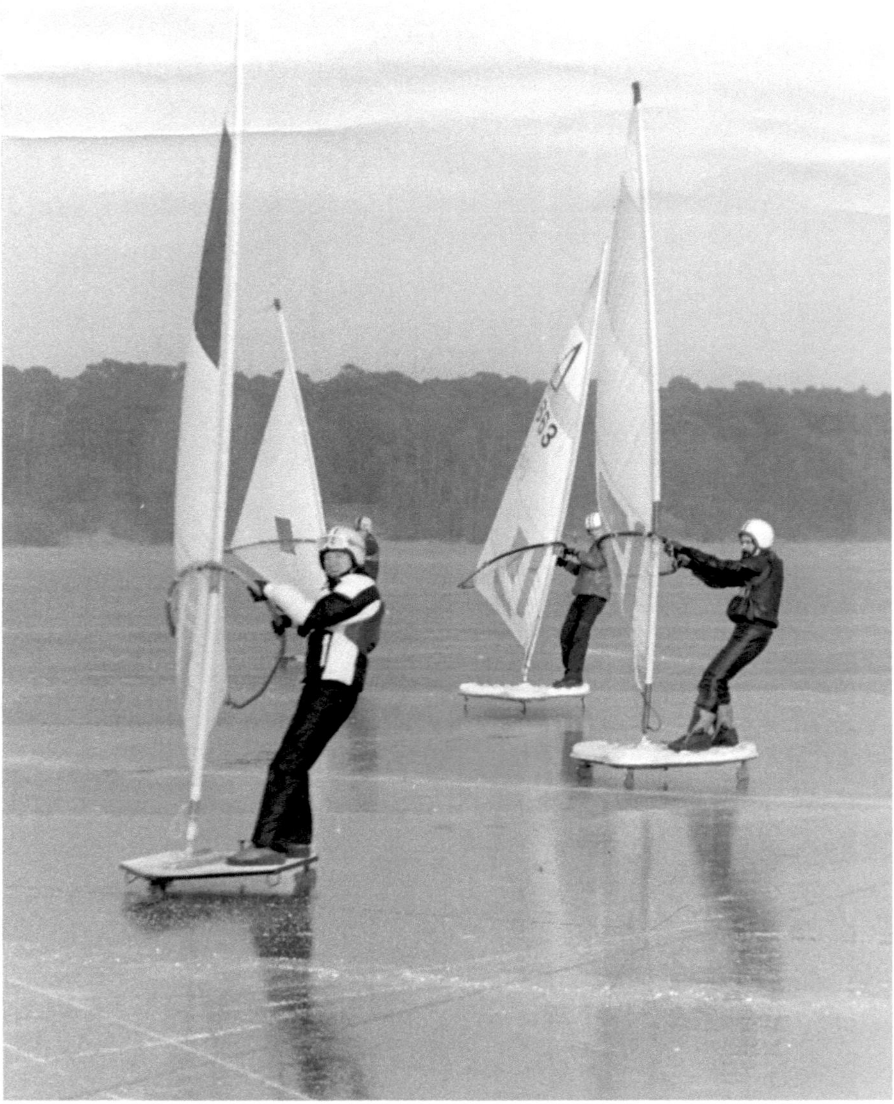

Bild 52 v.l: M.König, S.Liedke, R.Schmidt beim Müggelsee - Eissurfen

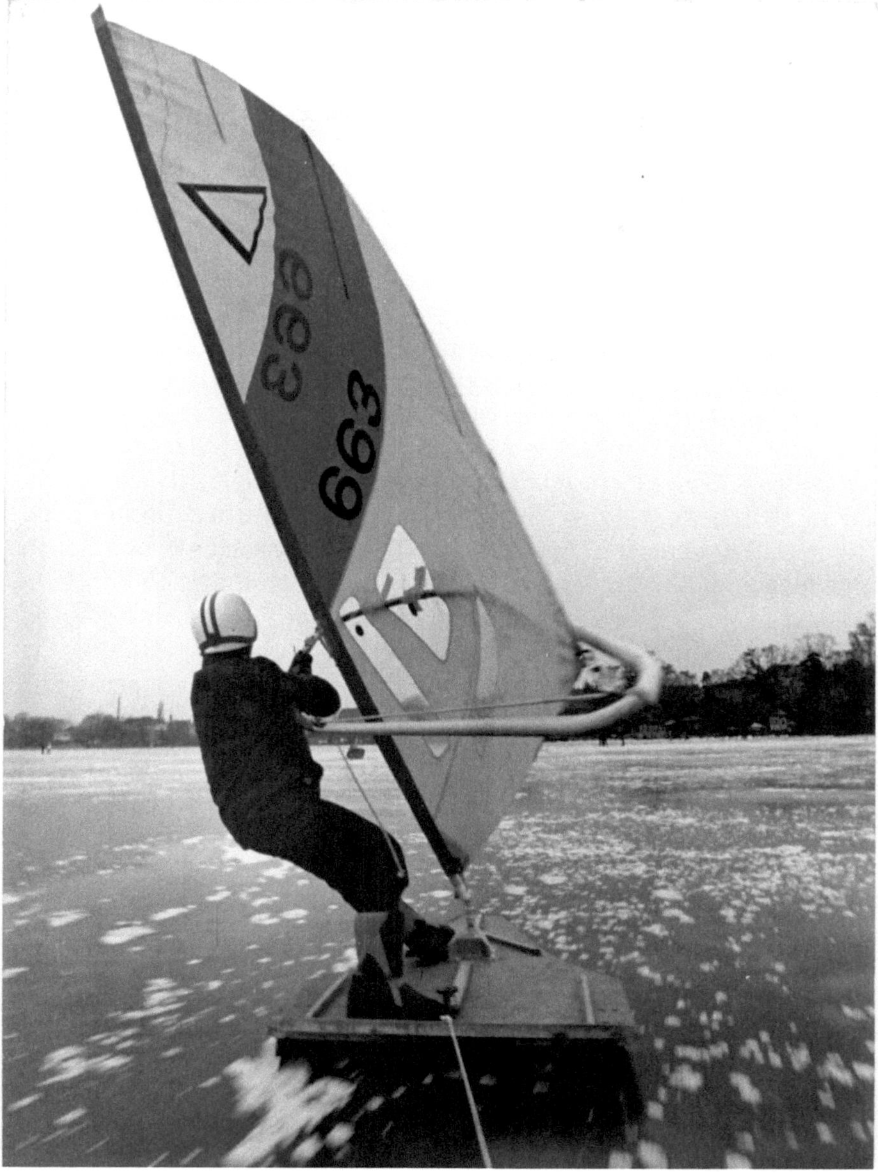

Bild 53 Reiner Schmidt schleppt mit seinem Eissurfer einen Fotografen

der Lauffläche konnte sie nach einem Lenkimpuls mit dem Rigg in die entsprechende Richting driften. Die Kufen wurden im Dreieck unter die Platte geschraubt, eine Mastaufnahme gebastelt und auf die Platte geschraubt.

Nun sollte es im Winter 1975/76 losgehen. Der Müggelsee in Berlin war dick zugefroren und es wehte ein leichter Wind. Meine Enttäuschung war ziemlich groß, da mein Schlitten überhaupt nicht fuhr. Wie angenagelt stand er auf dem Eis. Ich rannte etwas an, sprang auf und pumpte mit dem Segel. Alles vergebens, denn nach wenigen Metern stand ich bereits wieder.

Nach diesem Reinfall sah ich mir die Kufen der DN – Eissegler sehr genau an. Sie waren beweglich angeordnet und viel präziser angefertigt. Die Führungskufen haben ebenfalls einen V – Schliff, aber zusätzlich eine nicht sichtbare, minimale Krümmung in der Auflagefläche, den sogenannten „Sprung“. In mühevoller Kleinarbeit fertigte ich mir solche Kufen, ähnlich wie die der Eissegler, an. Als Werkzeugmacher hatte ich die entsprechenden Maschinen und die Möglichkeiten in der Metallverarbeitung, um solche Kufen mit der notwendigen Präzision anzufertigen. An meine vorhandenen starren Kufen hatte ich nun mit stabilen Führungsblechen die neuen Kufen beweglich angebracht. Da das Eis nicht immer glatt ist, sondern sehr oft uneben und rau, können diese Kufen die Unebenheiten des Eises beweglich überfahren.

Der Unterschied zu meinen starren Kufen war wie Tag und Nacht. Jetzt fuhr mein Eissurfer auf Anhieb richtig schnell. Er wurde so schnell, dass mir anfangs sehr mulmig wurde.

Das damalige „Delta“ - Segel war für das Eissurfen gar nicht geeignet, aber es gab zu der Zeit nichts anderes. Durch die wesentlich höhere Geschwindigkeit auf dem Eis als auf dem Wasser wurde das Segelprofil im vorderen Bereich hinter dem Mast richtig eingedrückt. Stabile Segelprofile mit durchgehenden Segellatten gab es zu dieser Zeit noch nicht. Somit war das Eissurfen zu dieser Zeit eine sehr instabile und nicht ungefährliche Angelegenheit.

Als nächstes baute ich in meinen Eissurfer eine Bremse ein. Mit einem Fußpedal wurde eine federnde Stahlkralle vorsichtig zum Bremsen getreten, was auch gut funktionierte.

Damals gab es so gut wie keine Baupläne oder Anleitungen für das Eissurfen. Auch in den westlichen Surfzeitschriften wurde in den siebziger

Jahren nur ganz vereinzelt über das Eissurfen berichtet. Zu speziell war diese Art des Windsurfens und zu schwierig die Anfertigung der Kufen. Auch heute, nach über dreißig Jahren, werden Eissurfer überwiegend von Privatleuten in Kleinserie gebaut.

Erst gegen Ende der siebziger Jahre sah man im Winter auf den zugefrorenen Seen der DDR zunehmend die verschiedensten Eissurfer. Dementsprechend unterschiedlich waren auch die Fahreigenschaften. Da die Kufen das Entscheidende für hohe Geschwindigkeiten des Eissurfers waren und nur wenige die Möglichkeit zur Anfertigung von Kufen hatten, habe ich für mehrere meiner engsten Sportsfreunde solche Eissurferkufen angefertigt.

Im Laufe der Jahre hatten wir immer mehr Erfahrungen gesammelt, so dass unsere Eissurfer immer sicherer und schneller wurden. Ich verbreiterte meinen alten Eissurfer, so dass die hinteren Führungskufen nun in einem Abstand von ca. einem Meter zueinander standen. Dadurch wurde die Standsicherheit erhöht und bei starkem Wind brach der Schlitten nicht so schnell aus, was bei höherer Geschwindigkeit ausgesprochen unangenehm und eklig war.

Den Führungskufen musste man besonders viel Pflege und Aufmerksamkeit zukommen lassen. Nach zwei - bis dreimaliger Nutzung mussten sie nachgearbeitet werden. Die kleinsten Kanten oder Dellen in den Kufen brachten sofort einen erheblichen Verlust an Geschwindigkeit. Dazu kam, dass die Schärfe des Schliffs dem jeweiligen Eis angepasst werden musste. Hartes Eis verlangte besonders scharfe Kufen und weiches Eis dagegen eine leicht reduzierte Schärfe.

In den achtziger Jahren hatten wir dann schon vereinzelt durchgelattete Segel, was das Eissurfen wesentlich angenehmer machte.

Wenn sich mehrere Eissurfer zusammenfanden, haben wir richtige Regatten gefahren. Als Bojen wurden Gegenstände auf das Eis gelegt und dann ging es los. Manöver mit einem Eissurfer zu fahren war und ist nicht so einfach und mit den Manövern auf dem Wasser überhaupt nicht zu vergleichen. Eine Halse, wie auf dem Wasser, ist mit dem Eissurfer bei höherer Geschwindigkeit fast unmöglich. Die Wende dagegen funktioniert ganz gut, ist aber nur in einem relativ großem Bogen zu fahren. Wesentlich wendiger und besser lenkbar sind die kleinen Eissurfer, die wie ein Skateboard funktionieren. Vier parallele Kufen sind an den beweglichen Achsen angebracht. Durch Gewichtsverlagerung werden die-

se Eissurfer wie ein Skateboard gelenkt. Wegen der relativ kleinen Standfläche und einer gewissen Instabilität sind sie aber nach meiner Meinung nicht für höhere Geschwindigkeiten geeignet.
Leider haben wir in den Wintermonaten nicht immer genügend dicke Eisflächen auf den Gewässern und viel Schnee auf dem Eis behindert das Eissurfen zusätzlich. Rasmus muss aber auch noch genügend blasen und das alles zusammen macht das Eissurfen zu einem relativ seltenen Vergnügen. Und dennoch, wer als Windsurfer auch einmal mit einem Eissurfer gefahren ist, wird sich so einen Schlitten beschaffen oder selbst basteln und dann im Winter voller Ungeduld auf dickes Eis und Wind lauern!
Nun mache ich einen kurzen Sprung in die Gegenwart, denn nach mehreren milden Wintern haben wir jetzt im Jan./Febr. 2009, endlich wieder ausreichendes Eis zum Eissurfen und seit ca. 3 Wochen sieht man wieder die Segel der Windsurfer über die zugefrorenen Seen hinwegfegen. Unser begeisterter Altsurfer „Akki“ Blaudschuk hatte uns Windsurfersenioren zu sich zum Eissurfen auf den Teupitzer See eingeladen. Acht bis zehn „alte Kameraden“ donnerten mit ihren Eissurfern bei kräftigem Ostwind über den See und hatten ihre helle Freude. Nochmals ein herzliches Dankeschön an Akki es waren zwei tolle Eissurftage mit allem Drum und Dran!!

Die Müritz, eines der schönsten Surfreviere Deutschlands!

Ohne Übertreibung kann man sagen, dass in Mecklenburg der Müritzsee, kurz die Müritz genannt, eines der schönsten Segel - und Surfreviere Deutschlands ist. Mit seinen 110 km² Wasserfläche ist es der größte deutsche Binnensee. Die Müritz ist bis zu 33 Meter tief und hat sehr klares Wasser. Die weiten Flachwasserzonen erstrecken sich über das gesamte Ostufer und begrenzen den größten deutschen Nationalpark mit 322 km² Landfläche. Bei stürmischen Winden wird die Müritz aber von allen Seglern besonders gefürchtet. Ihre steile Welle hat schon so manchen Wassersportler in arge Not gebracht.
Für unseren Windsurfsport war dieses schöne, riesige Wasser der Hauptaustragungsort vieler Regatten. Hier fanden die ersten Surfregat-

ten statt, die von unserem Warener Surffreund Wolfgang Dreier hervorragend organisiert wurden.
Unvergessen sind die schönen Stunden auf der Wiese vor dem Schloss Klink, wo wir anlässlich der Regatten mehrmals unsere Zelte aufgeschlagen hatten. Von hier starteten wir auch Langstreckenregatten, u.a bis Röbel und zurück. Auch die Campingplätze „Kamerun“ und „Ecktannen“ dienten uns als vortreffliche Lagerstätten für unsere Surfveranstaltungen. Höhepunkte unserer sportlichen Aktivitäten waren die DDR - Meisterschaften im Brettsegeln, die allein auf der Müritz fünfmal in zweijährigem Abstand stattfanden.
Als letztes sei erwähnt, dass wir alten Surfpioniere der DDR im Jahr 2007 erstmals ein Wiedersehen an der Müritz organisierten. Die meisten unserer alten Regattahaie hatten sich über zwei Jahrzehnte nicht mehr gesehen. Es gab eine große Wiedersehensfreude und alle waren sich einig, dass so ein Treffen in einigen Jahren wiederholt werden muss.
Nördlich der Müritz liegt die 800 Jahre alte Stadt Waren, die auch das Zentrum der Mecklenburger Seenplatte bildet. Waren ist staatlich anerkannter Luftkurort und besonders durch den mit Hotels und Gaststätten umgebenden Yachthafen ein touristischer Anziehungspunkt.
In der Nähe von Waren liegt Klink, wo die DDR - Staatsführung Anfang der siebziger Jahre ein klotziges Ferien - und Erholungsheim des FDGB (Freier Deutscher Gewerkschaftsbund der DDR) für „verdiente Werktätige“ bauen ließ.
Das hübsche und direkt an der Müritz liegende Renaissance - Schloß Klink wurde 1898 vom Architekten Griesbach für die Familie Hedwig und Arthur von Schnitzler erbaut. Übrigens, der unbeliebte DDR - Fernsehkommentator Karl Eduard von Schnitzler war ein direkter Verwandter der Schlossbesitzer. Zu DDR - Zeiten war dieses Schloss fast dem Zerfall preisgegeben. Nach einer grundlegenden Restaurierung im Jahr 1998 erstrahlt diese Perle der Baukunst heute wieder in seiner vollen Pracht.
Südwestlich der Müritz liegt die Kleinstadt Röbel, die ebenfalls eine fast achthundertjährige Geschichte aufweist und zwei frühgotische Backsteinkirchen aus dem dreizehnten Jahrhundert im Zentrum hat. Für die Wassersportler war Röbel schon immer ein beliebter Anlaufpunkt und auch Starplatz für viele Segelregatten.
Das südlich der Müritz gelegene Rechlin war zu DDR - Zeiten überwiegend von sowjetischem Militär besetzt. Es verwendete den schon von

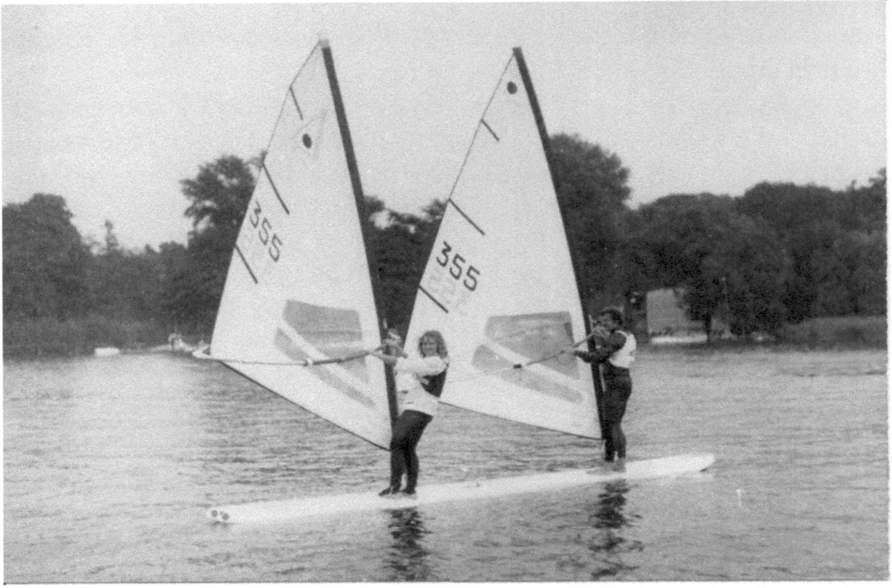

Bild 54 Das Berliner Windsurferehepaar Sibylle und Joachim Längert auf dem Tandem

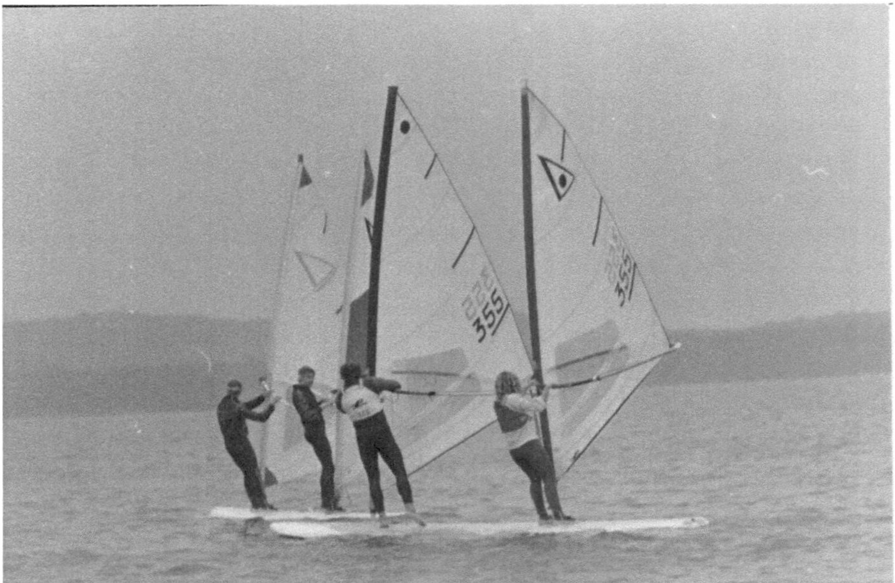

Bild 55 Tandemregatta auf dem Berliner Müggelsee

den Nazis genutzten nahen Flugplatz in Lärz für seine militärischen Flugeinsätze.
Da die Müritz von mehreren Campingplätzen umgeben ist, war sie auch zu DDR - Zeiten ein Magnet für viele Urlauber und Wassersportler. Nach einer Surfregatta in Güstrow hatte eine Berliner Surfergruppe auf der Rückfahrt nach Berlin einen Abstecher zur Müritz gemacht.
Unsere Warener Surffreunde hatten uns schon immer vom Ostufer der Müritz vorgeschwärmt. Bei den häufigen Westwinden hätten wir von den dortigen Campingplätzen traumhafte Startmöglichkeiten zum Windsurfen. Unsere Freunde hatten uns nicht zu viel versprochen. Wir waren über die Lage des Campingplatzes und über die Bedingungen zum Windsurfen einfach begeistert. Vor dem Ufer lag eine herrliche Wiese, die zum Freizeitsport und auch zum Ablegen der Surfboards ideal war. Eine Flachwasserzone, die erst in ca.100 Meter Entfernung vom Ufer in die Tiefe überging, bot beste Möglichkeiten sowohl für Anfänger und Manöverfreaks als auch für Surfer, die intensiv neue Manövern trainierten. Bei starken Westwinden brach sich die kräftige Welle an der Flachwassergrenze wie an einem Riff. Wer richtig durchgeschüttelt werden wollte, fuhr durch dieses kleine Riff in die Tiefe und übte das Springen und das Abreiten der Wellen.
Ende der siebziger Jahre sah man auf diesem Campingplatz nur eine Hand voll Surfer, doch im Laufe der folgenden Jahre entwickelte sich dieser Spot für uns DDR - Surfer zu einem der beliebtesten Surfreviere. Einige unserer Sportfreunde wurden auf diesem Platz sogar Dauercamper, um die idealen Surfbedingungen optimal nutzen zu können.
Gelegentlich fuhr auch am Campingplatz ein PKW - Konvoi mit den bekannten dunklen „Volvo“- Stretchlimousinen vorbei. Willi Stoph, der DDR Ministerpräsident, war dann auf dem Weg zu seiner Datsche, die inmitten des heutigen Nationalparks lag.
Einige der ersten Windsurfer auf dem Campingplatz sind noch heute Dauercamper und auch noch immer begeisterte Windsurfer. Zu ihnen gehört auch Alfred Schäfgen, kurz „Ali „genannt, der Mitte der achtziger Jahre ein besonderes Surferlebnis hatte.
Wie immer im Herbst, war der Wasserstand der Müritz so niedrig, dass die Surfer erst weit in den See hineinlaufen mussten, um überhaupt fahren zu können. Während er mit einigen Surffreunden über das Wasser glitt, sah er im Flachwasser etwas Metallisches aus dem Wasser ragen.

Er dachte noch: „Nicht auszudenken, wenn ich da drauf geballert wäre“. Mit den Surfkumpels sah er sich die Sache genauer an.
Erschrocken und fast entsetzt sahen sie in dem klaren, flachen Wasser die Überreste eines Flugzeugwracks, das vermutlich aus dem zweiten Weltkrieg stammte. Neugierig legten sie einige Teile frei und stellten an den Bordinstrumenten mit der Aufschrift „Siemens-Halske“ fest, dass es sich vermutlich um ein deutsches Jagdflugzeug handelt.
Dieser Fund verbreitete sich unter den Campern wie ein Lauffeuer. Wir konnten es alle nicht fassen, denn jahrelang waren wir Surfer wahrscheinlich darüber hinweggesurft und nie gab es eine Kollision mit diesen Überresten.
Anscheinend ist diese Information nie zu den DDR - Behörden gelangt, denn sonst würde dieses Flugzeugwrack nicht noch immer an dieser Stelle liegen. Vor einigen Wochen hat Ali das deutsche Technikmuseum über diesen Fund informiert. Jetzt soll endlich die Geschichte dieses Flugzeugs und dessen Piloten geklärt werden.

Mai 1990: Wir Surfen auf der Ostsee nach der Maueröffnung

Völlig unfassbar für uns Deutsche in Ost und West war die Maueröffnung am 8. November 1989. Die darauf folgenden Veränderungen waren so epochal, dass man sie nur mit großer Mühe in den Alltag einordnen konnte. Alles hatte sich verändert! Zu diesem Zeitpunkt konnte niemand auch nur im geringsten ahnen, dass es nicht einmal ein Jahr bis zur Wiedervereinigung Deutschlands dauern würde.
In den Monaten nach der Maueröffnung wollte jeder DDR - Bürger erst einmal den Westen kennenlernen und sich in den Geschäften einige kleine Wünsche aus dem fast erdrückenden, riesigen Warenangebot erfüllen. Für jeden DDR - Bürger stand zunächst die besorgte Frage nach der beruflichen Zukunft im Vordergrund. Hobbys und Freizeitsport waren erst einmal nur zweitrangig.
Trotzdem erwachten mit dem Frühling nicht nur die Hormone, sondern auch wieder die Vorfreude und die Lust auf das Windsurfen. Nachdem wir im April 1990 die Surfsaison wieder eröffnet hatten, wurde uns erst richtig bewusst, dass unsere Ostsee jetzt eigentlich nicht mehr für den Wassersport tabu sein dürfte.

Die DDR existierte zwar noch, aber eigentlich lag sie schon in den letzten Zügen! Die Währungsunion war beschlossene Sache und über eine Wiedervereinigung Deutschlands zum Spätherbst 1990 wurde bereits spekuliert.
Wir hatten keine Kenntnis von neuen Gesetzen oder Anordnungen über die Möglichkeit zur Ausübung des Wassersports auf der Ostsee. Wir wollten aber nicht mehr länger warten und schon gar nicht irgendeinen Genossen oder „Volks - Sheriff" befragen. Jahrelang mussten wir ja zum Windsurfen zur polnischen Ostsee nach Gaski ausweichen. Jetzt wollten wir endlich die Ostsee vor unserer eigenen Haustür mit unseren Surfbrettern abreiten und dabei keine Angst vor Verfolgung durch Grenzsoldaten oder durch die Stasi haben.
Spontan hatten mein Surffreund Jürgen Roth und ich beschlossen, dass wir im Mai unsere Ostseeküste abfahren und neue Surfspots entdecken wollen. Wir packten unsere Campinganhänger samt Surfausrüstung und gemeinsam mit unseren Ehefrauen ging es ab nach Norden.
Unser erstes Ziel war der Darß. Wir hatten gehört, dass in Neuhaus bei Dierhagen ein neuer Campingplatz entsteht, der relativ nah an der Ostsee war und der dortige Strand ideale Bedingungen zum Windsurfen bietet.
Als wir auf diesen Platz fuhren, staunten wir nicht schlecht, wie viele Windsurfer bereits vor uns diesen Spot entdeckt hatten. Wir sahen, wie bei herrlichem Westwind etwa 8 Windsurfer in den Wellen der Ostsee umhertobten und auch weit hinaussurften. Da war uns klar: Der Bann ist gebrochen! Es gibt keine Verbote oder Verfolgung mehr. Überglücklich und voller Hast machten wir unsere Surfbretter klar und stürzten uns dann ebenfalls in die Fluten. Ausgiebig hatten wir diesen ersten Ausflug auf unsere heimatliche Ostsee genossen. Wir waren total happy und haben abends auf dieses Ereignis kräftig einen getrunken.
Nach einigen Tagen fassten wir das nächste Ziel ins Auge. Unsere Fahrt ging nach Prerow, das in der Nähe liegt. Da der Mai noch Vorsaison ist, bekamen wir ohne Probleme einen Standplatz auf dem bekannten Campingplatz von Prerow. Nachdem wir uns eingerichtet hatten, wollten Jürgen und ich die Ostsee vor Prerow mit dem Surfbrett erkunden. Ein wenig vorsichtig schauten wir uns um, ob uns vielleicht doch jemand am Surfen hindern will, doch nichts Dergleichen geschah. Dieses freie und ungehinderte Gefühl war für uns einfach noch zu neu.

Bei leichtem Ostwind fuhren wir nach Nordwesten und entdeckten nach wenigen Kilometern die flachen vorgelagerten Sandinseln an der nordwestlichen Spitze des Darß. Keine Ahnung, ob wir da überhaupt hin durften. Jedenfalls standen wir auf einer von leichten Wellen umspülten, winzigen Insel, mit festem sandigen Untergrund. Das Ufer des Darß war nur noch als kleiner Strich sichtbar. Wir fühlten uns unbeschreiblich, etwa so, als ob Christoph Columbus gerade neues Land entdeckt hat. Wer sollte schon in den vergangenen Jahren seit dem Mauerbau jemals hier gestanden haben?
Wenige Tage später trieben uns unsere Neugier und unser Entdeckungsdrang weiter. Wir hatten die nordwestliche Ecke von der Insel Rügen im Visier. Über den Rügendamm von Stralsund fuhren wir in Richtung Bergen und dann nach Dranske. Wir dachten uns, dass es dort bei Westwind richtig krachen muss; dass wollten wir kennenlernen.
Dranske liegt direkt an der nordwestlichen Küste Rügens. Mit unseren Surfbrettern auf den Autos fielen wir sofort auf. Misstrauische Blicke erhielten wir besonders von Offizieren der Volksarmee. Am liebsten hätten sie uns verjagt, das sah man ihnen an.
Unbekümmert fuhren wir durch den Ort und direkt zum Ufer der Ostsee. Auf einer Wiese, direkt am Wasser, stellten wir unsere Campinganhänger auf. Von der leicht erhöhten Wiese hatten wir einen traumhaften Blick auf die Ostsee und zur Insel Hiddensee. Wir erlebten einen wunderschönen Sonnenuntergang über der Ostsee und danach winkte uns der Leuchtturm von Hiddensee mit seinem Lichtstrahl freundlich zu.
Am nächsten Morgen erhielten wir dann einen amtlichen Besuch. Ein sehr verunsicherter ABV (Abschnittsbevollmächtigter der Volkspolizei) fragte uns nach unseren Absichten und ob wir nicht wüssten, dass hier Sperrgebiet sei. Dass wir auf der Ostsee nur surfen wollen, irritierte ihn. Vermutlich hatte er die völlig veränderte politische Lage noch nicht ganz begriffen. Jedenfalls ließen wir uns nicht vertreiben und so zog er hilflos und kopfschüttelnd wieder ab. Jetzt musste er erkennen, dass sein Amt wirkungslos ist und die DDR - Bürger sich nicht mehr abschrecken und einschüchtern lassen.
Nach diesem kleinen Zwischenfall machten Jürgen und ich unsere Surfbretter klar und surften in südliche Richtung. Der Bug ist eine lange schmale Halbinsel, die sich von Dranske in südlicher Richtung erstreckt. Hier gingen wir mit unseren Surfbrettern an Land. Unheimlich kam uns

diese Gegend vor. Gleich hinter dem Strand empfing uns ein mächtiger, mit Hochspannung geladener Zaun. Wir hörten hektische Stimmen hinter dem Dickicht und in unserer Fantasie vermuteten wir, dass hier gerade Raketenstellungen abgebaut werden. Wer weiß, vielleicht war das sogar der Fall, jedenfalls wurde uns die Sache plötzlich ziemlich brenzlig und wir suchten auf dem Wasser mit unseren Surfboards schleunigst das Weite.

Nach einigen Tagen ging unsere Reise weiter. Wir steuerten einen Campingplatz in der Nähe von Juliusruh an. Die Dame an der Rezeption hatte nicht nur reichliches Übergewicht und ordentlich Schmalz auf der Semmel, sondern sie war vermutlich auch eine linientreue Parteigenossin der SED. Als sie unsere Fahrzeuge mit den Surfbrettern auf dem Dach erblickte, erhielten wir eine abrupte Platzverweigerung. Es wäre kein Platz frei und Windsurfen wäre hier sowieso verboten. Da mussten wir feststellen, dass noch längst nicht alle Menschen der DDR die Zeichen der Zeit erkannt hatten. Wie sagte Michail Gorbatschow doch so schön: „Wer zu spät kommt, den bestraft das Leben“

Hier auf Rügen ging nun unsere Ostsee - Entdeckungsfahrt zu Ende. Es hatte für uns eine neue Ära, ja eine neue Zeitrechnung begonnen. Mit der Wiedervereinigung Deutschlands waren einundvierzig Jahre DDR zur Geschichte geworden. Es dauerte nur ganz kurze Zeit, dass wir Windsurfer aus Ost und West eine Gemeinschaft wurden. Unter uns Surfern gibt es die Begriffe „Ossi“ oder „Wessi“ überhaupt nicht. Alle Windsurfer sind nur glücklich, dass wir endlich auf allen Gewässern in Deutschland und in der ganzen Welt unseren so schönen Sport ausüben können. Uns alten Windsurfpionieren der DDR ist aber die Erinnerung geblieben an eine Zeit, die Idealismus, Eigeninitiative, Kreativität und Improvisationstalent erforderte, um den Windsurfsport aus der Taufe zu heben. Meine alten Surffreunde werden mir sicher beipflichten, dass wir zu Recht darauf sehr stolz sein können.

Ehrentafel der DDR Meister im Brettsegeln „Segelbrett Delta“

	Frauen	Männer
1977 *	Petra Timmermann	Steffen Keitel
1978	Gabriele Heyden	Günter Heyden

	Frauen	Männer leicht	Männer schwer
1979	Sibylle Längert	Günter Heyden	R. Holger Junge
1980	Sibylle Längert	Henri Hübchen	Rainer Hermes
1981	Birgit Dürr	Henri Hübchen	Martin Rietz
1982	Sibylle Längert	Torsten Schulz	Heinz Schäfer
1983	Petra Junge	Martin Rietz	Rainer Hermes
1984	Sigrid Hermes	Jörg Teschner	Dieter Leitsch
1985	Sibylle Längert	Jürgen Güther	Stephan Schulz
1986	Birgit Dürr	Jürgen Güther	Rainer Hermes
1987	Christa Rotter	Kai G. Möde	Rainer Hermes
1988	Antje Diestel	Kai G. Möde	Martin Bauer
1989	Antje Diestel	Marco Rotter	Martin Bauer

	weibliche Jugend	männliche Jugend
1980	Irina Röhr	Steffen Rost
1981	Kati Reschwamm	Sandro Liedtke
1982	Claudia Lorenz	Lars Röber
1983	Bärbel Dürr	Sandro Liedtke
1984	trotz Recherche leider nicht ermittelbar!	
1985	Bärbel Dürr	Andrè Benedict
1986	Antje Diestel	Toni Längert
1987	Sabine Biegel	Oliver Busecke
1988	Wilma Nowak	Toni Längert
1989	Wilma Nowak	Marc Costrau

* Bestenermittlung als Vorläufer der DDR Meisterschaften

Bilderverzeichnis:

Titelbild:	Heinz Schäfer
Bild: 1, Bild: 2,	Heinz Schäfer
Bild: 3, Bild: 4,	Privatbesitz
Bild: 5, Bild: 6,	Foto Dreier
Bild: 7, Bild: 8,	Foto Dreier
Bild: 9,	Joachim Kuphal
Bild: 10, Bild: 11,	Heinz Schäfer
Bild: 12, Bild: 13,	Heinz Schäfer
Bild: 14, Bild: 15,	Privatbesitz
Bild: 16, Bild: 17,	Joachim Kuphal
Bild: 18,	Privatbesitz
Bild: 19, Bild: 20,	Joachim Kuphal
Bild: 21,	Joachim Kuphal
Bild: 22, Bild: 23,	Privatbesitz
Bild: 24, Bild: 25,	Privatbesitz
Bild: 26,	Privatbesitz
Bild: 27,	Joachim Kuphal
Bild: 28, Bild: 29,	Privatbesitz
Bild: 30, Bild: 31,	Privatbesitz
Bild: 32,	Privatbesitz
Bild: 33, Bild: 34,	Heinz Schäfer
Bild: 35, Bild: 36,	Privatbesitz
Bild: 37, Bild: 38,	Privatbesitz
Bild: 39, Bild: 40,	Heinz Schäfer
Bild: 41,	Heinz Schäfer
Bild: 42, Bild: 43,	Privatbesitz
Bild: 44, Bild: 45,	Privatbesitz
Bild: 46, Bild: 47,	Privatbesitz
Bild: 48, Bild: 49,	Privatbesitz
Bild: 50,	Joachim Kuphal
Bild: 51,	Heinz Schäfer
Bild: 52, Bild: 53,	Privatbesitz
Bild: 54, Bild: 55,	Privatbesitz